Couverture inférieure manquante

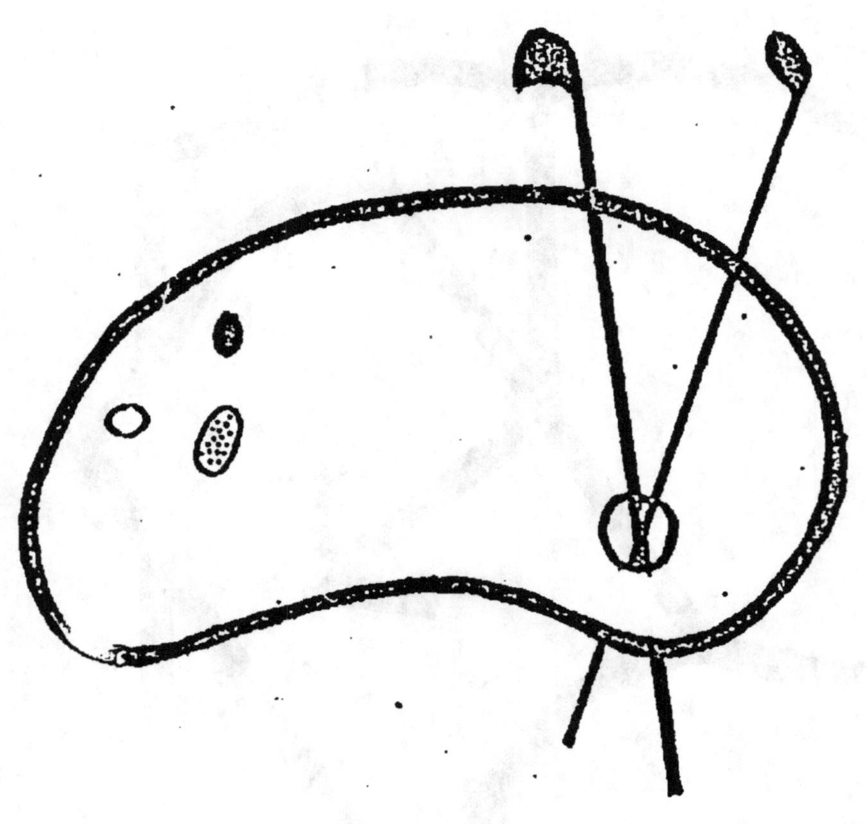

DEBUT D'UNE SERIE DE DOCUMENTS
EN COULEUR

LE CHŒUR

DE

LA CATHÉDRALE D'ÉVREUX

DEPUIS SA RESTAURATION

PAR

LE COMTE DE BUREY

Chevalier de l'Ordre de Saint-Sylvestre,
Membre du Conseil héraldique de France,
Ancien Membre correspondant de la Société française
de Numismatique et d'Archéologie, etc.

MARS 1897

PRIX : 1 FR. 50

ÉVREUX

IMPRIMERIE DE CHARLES HÉRISSEY

4, RUE DE LA BANQUE, 4

1897

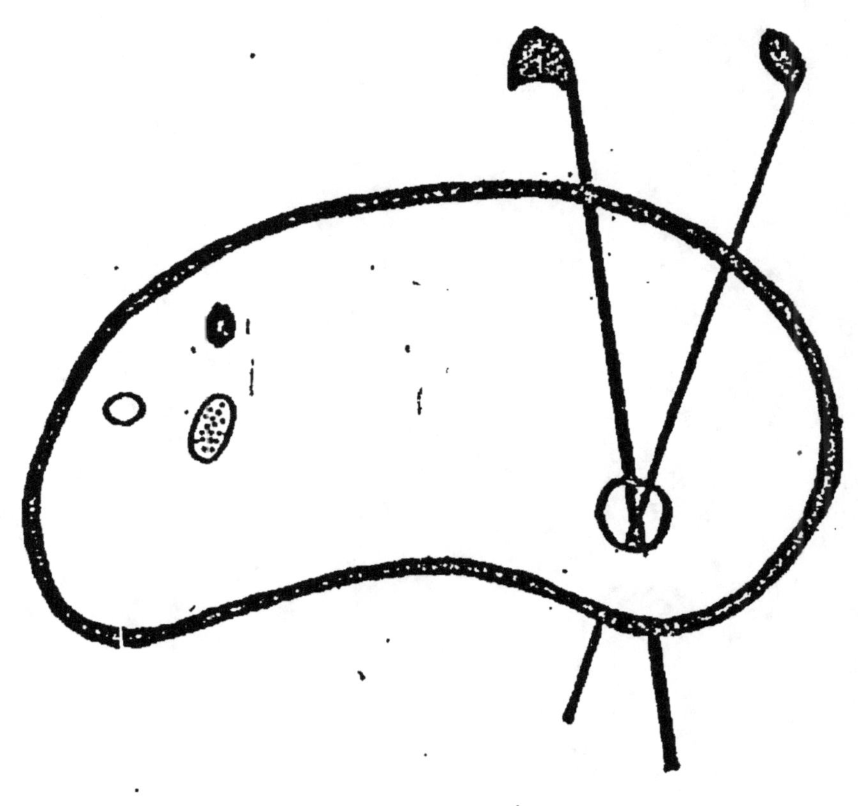

FIN D'UNE SERIE DE DOCUMENTS
EN COULEUR

LE CHŒUR

DE

LA CATHÉDRALE D'ÉVREUX

DEPUIS SA RESTAURATION

MARS 1897

IL N'A ÉTÉ TIRÉ

QUE CENT CINQUANTE EXEMPLAIRES

Numérotés par l'Auteur.

LE CHŒUR

DE

LA CATHÉDRALE D'ÉVREUX

DEPUIS SA RESTAURATION

MARS 1897

Dix années se sont écoulées à partir du moment où nous avons publié notre étude d'archéologie monumentale intitulée : *La Nef de la Cathédrale d'Evreux depuis sa restauration ;* c'est, en effet, à la date du samedi 9 avril 1887, veille de Pâques, que cette partie de l'édifice a été réouverte au culte et consacrée par Mgr Grolleau. Depuis cette époque, le chœur, fermé à son tour, a été l'objet de restaurations continues, mais hélas ! bien lentes et poussées sans activité, par suite de la parcimonie de plus en plus grande apportée aux crédits affectés à ces travaux, de l'éloignement presque continuel de l'architecte qui les dirigeait et d'autres circonstances secondaires, en sorte que trois évêques ont pu se succéder, déjà, sur le siège épiscopal du diocèse sans que l'on ait vu s'achever la réfection commencée.

Enfin, à la date du jeudi 22 octobre 1896, le chœur s'est ouvert, et la cathédrale d'Evreux a pu s'offrir, dans son entier, aux yeux de ses admirateurs. A cette occasion, une fête solennelle à été célébrée sous la présidence de Mgr Sourrieu, notre métropolitain à Rouen, assisté de Mgr Colomb, évêque d'Evreux, et de NN. SS. Hautin, archevêque de Chambéry, et Sueur, archevêque d'Avignon, ses prédécesseurs à Evreux, auxquels était venu se joindre Mgr Hugonin, évêque de Bayeux. Malgré cette inauguration de la réouverture du monument, qui répondait au vœu de tous, bien des travaux de détail restent à terminer ; la restitution d'une grande partie du mobilier religieux des chapelles du chœur, ainsi que l'aménagement des deux premières chapelles du nord, n'ont pas encore été commencés.

Il nous semble, néanmoins, que l'instant est venu d'étudier l'œuvre qui vient de s'accomplir dans le chœur, comme nous l'avons fait pour la nef, et de donner notre opinion motivée et détaillée sur les avantages ou les inconvénients qui ont pu résulter de cette restauration prolongée outre mesure. Nous le ferons, comme précédemment, avec toute l'impartialité et la modération que comporte un travail critique de cette nature, et en nous appuyant aussi bien sur l'opinion des archéologues et des artistes compétents avec lesquels nous nous sommes mis en rapport à ce sujet, que sur notre propre expérience à laquelle on ne pourra refuser la bonne foi, à défaut d'autre mérite.

Il existe, en effet, dans les travaux importants qui viennent de s'accomplir, et qui s'exerçaient sur un monument historique des plus précieux, des parties que l'on doit louer sans réserve, et d'autres qui, malheureusement, sont de nature à donner lieu aux plus vives et aux plus amères critiques.

Au nombre de celles-ci, il faut parler des changements qui ont été opérés, notamment dans l'ancien mobilier religieux des chapelles de l'abside, véritable bouleversement qui se poursuit encore, et auprès duquel les rares modifications faites dans la nef, lors de sa réouverture, ne sont rien. Les architectes n'ont envisagé l'édifice qu'au point de vue purement architectural et ont sacrifié inconsciemment, comme une quantité négligeable, tout ce qui était œuvre d'art ou objet d'ameublement ; faute grave qu'on ne devrait jamais se permettre dans une restauration concernant un monument de cette importance et de cette valeur, où tous les détails ont leur prix. Il est juste d'ajouter, à la décharge des directeurs des travaux, que si les faits à déplorer sont nombreux ils l'eussent été bien davantage encore dans le cas où les architectes n'auraient pas résisté souvent, comme ils l'ont fait, dit-on, à des impulsions qui leur venaient de haut et contre lesquelles ils ont eu, parfois, à lutter afin de sauver, dans certaines parties, l'intégralité de l'état ancien.

C'est à mettre le lecteur à même de connaître ces différents points, que vont tendre nos efforts.

« Il est intéressant, après tant de débats, de rapports et d'écrits auxquels a donné lieu la grande question de restauration, de connaître ce que notre antique cathédrale y a perdu ou gagné, de savoir si l'on a eu souci des traditions de l'art suivant les époques ; si l'on a eu soin de se garder de tout acte plus ou moins nuancé de vandalisme ; si, sous prétexte de restaurer, on n'a pas défiguré, anéanti même le caractère de certaines parties de l'édifice, et, enfin, si les sommes dépensées ont donné tous les résultats désirables ; car, avec les meilleures intentions du monde, a si bien dit M. de Montalembert, *on ne restaure jamais rien, surtout de nos jours, sans préalablement détruire beaucoup* (1). Il est impossible, — dit judicieusement M. Raymond Bordeaux dans son excellent *Traité de la réparation des églises*, — de ne pas s'occuper des conséquences que les travaux à exécuter peuvent avoir au point de vue des convenances religieuses *et des souvenirs historiques*. Si l'on n'y prend garde, ces mesures, au lieu d'être conservatrices, seront le dernier coup du vandalisme et entraîneront irréparablement la ruine des plus intéressants monuments de l'art français. Il ne suffit pas de voter des fonds, de trouver dans le budget des ressources plus ou moins abondantes ; il faut, avant tout, assurer l'emploi intelligent de ces ressources afin qu'elles ne

______
(1) *Du Vandalisme et du Catholicisme dans l'art.*

servent pas à défigurer les édifices qu'il s'agit de rendre à leur première splendeur. » Et puis, il ajoute un peu plus loin :

« Il est triste de dire que plusieurs églises que l'on a prétendu restaurer sont aujourd'hui à peu près sans valeur aux yeux des gens instruits, et que, trop souvent, ces dotations considérables, loin d'avoir été un service rendu à la religion, ont eu pour résultat de travestir d'une façon lamentable l'œuvre sublime des architectes de la vieille France. Où en est aujourd'hui l'église de l'abbaye de Saint-Denis, si largement dotée pourtant ? Quel bien ont produit à Saint-Ouen de Rouen les millions votés pour le prétendu achèvement de cette basilique, dont on a eu le courage de démolir les tours au lieu de les terminer selon le plan primitif ? Et les cathédrales d'Amiens, de Bayeux, de Poitiers, d'Angoulême, de Périgueux, d'Auch, etc., n'étaient-elles pas plus belles et plus dignes d'intérêt avant les changements qu'on leur a infligés à grands frais (1) ? »

Tel est le vrai terrain sur lequel il convient de se placer pour envisager la restauration du chœur de la cathédrale d'Evreux, et en apprécier les conséquences.

CARACTÈRE GÉNÉRAL DES TRAVAUX

Le but principal du directeur des travaux chargé

(1) Voy. l'article paru dans l'*Union républicaine de l'Eure* du 20 mars 1887, sous la signature X... P..., et rendant compte de la première partie de notre travail.

de la restauration du chœur de la cathédrale, la pensée maîtresse à laquelle il a subordonné tout le reste, a été sans contredit la réfection architecturale proprement dite de cette portion de l'église. C'était, d'ailleurs, la tâche nécessaire, celle qui justifiait les crédits réclamés et dont l'urgence s'imposait. L'œuvre à entreprendre de ce côté était considérable : reprendre, en sous-œuvre, la consolidation des énormes piliers sur lesquels repose le vaisseau du chœur, consolider et réparer les voûtes, qui avaient beaucoup souffert, et dans lesquelles l'écartement produit par la poussée des arcs avait amené de larges et inquiétantes lézardes ; enfin remanier certaines parties menaçantes des meneaux des grandes fenêtres du chevet, tel était le thème général qui se présentait, tout d'abord, à l'architecte. A ce programme sont venues s'ajouter d'autres modifications d'une utilité moins évidente, comme l'abaissement du niveau du sanctuaire, la mise en état des chapelles latérales, dont on a restitué les anciennes arcatures, en même temps qu'on exhaussait leur dallage, et, enfin, le nettoyage et la réparation des splendides verrières qui décorent les fenêtres du chœur. On a profité aussi de l'occasion pour refaire quelques piscines mutilées dans plusieurs chapelles des bas côtés et exécuter certains travaux de détail dans les dépendances du chœur, près de la petite sacristie, notamment à la salle voûtée qui semble avoir servi, jadis, de bibliothèque et dater du xv° siècle. En terminant cette énumération, il nous faut mentionner la destruction de l'ancien maître-autel, sur laquelle nous aurons à revenir dans la suite, et son remplacement par un autel tout moderne, dans le style du XIV° siècle, au sujet duquel nous devrons, également, donner longuement notre opinion motivée.

Cela dit, nous allons procéder comme pour la nef, c'est-à-dire visiter le monument dans toutes ses parties, successivement, en commençant par le bas-côté de droite, puis en abordant le chœur proprement dit, après avoir continué notre visite méthodique par l'inspection de la chapelle de la Vierge. Nous n'aurons pas, cette fois-ci, à nous occuper des travaux extérieurs, rien, en ce qui concerne cette partie, n'ayant apporté de modification appréciable à la cathédrale. On n'a fait que réparer quelques balustrades; ces travaux n'ont pas été achevés.

COLLATÉRAL DE DROITE

En pénétrant dans le bas côté sud du chœur, on se trouve d'abord en présence de la belle grille en bois du XVI° siècle, qui s'y trouvait avant la restauration. Ce magnifique spécimen de l'art du sculpteur sur bois, à l'époque de la Renaissance, est décoré d'une façon fort élégante et orné d'une double inscription, qui court sur la corniche; du côté du transept, on lit les mots suivants :

ANNA ANNA EXAUDIVIT DOMINUS VOCEM TUAM ECCE CONCIet, du côté du chœur, la phrase interrompue au milieu du dernier mot, reprend de la façon suivante :

-PIES ET PARIES ET IN OMNEM TERRAM EXIET SONUS SEMINIS TUI.

Cette grille, comme celle qui lui fait face de l'autre côté de l'entrée du chœur, et comme les autres qui ferment les chapelles, a été soigneusement nettoyée et débarrassée de l'épaisse couche de peinture brune qui l'empâtait, travail excellent qui permet d'en examiner mieux les détails délicats et les fines ciselures. Elle demandait, toutefois, quelques légères réparations de détail pour faire revivre des parties endommagées, et ce travail, complément indispensable des restaurations, a été exécuté avec un soin méticuleux qui remet en valeur l'œuvre admirable des vieux maîtres inconnus.

C'est ici, en outre, le lieu d'aborder la question qui s'est agitée avec passion, à plusieurs reprises, de la remise en place ou de l'enlèvement définitif de toutes ces belles clôtures qui constituent, sans contredit, l'une des plus brillantes parures de la cathédrale. La polémique à laquelle cette question a servi de point de départ, dans ces dernières années, s'est longuement donné carrière dans les journaux locaux. Il s'est trouvé des gens, se disant artistes et hommes de goût, pour prêcher la suppression des clôtures et désirer un semblable vandalisme, sous prétexte que l'ensemble de ces grilles formait une ligne continue qui rompait la perspective et semblait diminuer les dimensions du monument, comme si les grands et incomparables huchiers des XVIe et XVIIe siècles, qui avaient édifié ces chefs-d'œuvre, avaient été des ignorants, étrangers aux lois de la perspective et aux règles du beau ! Chose triste à constater, c'est de ceux-là même dont on était en droit d'attendre des sentiments de conservation attentifs et dévoués aux œuvres léguées par les siècles passés et les anciens chanoines d'Evreux ; c'est de certaines personnalités très respectables, sans doute, mais plus ardentes qu'éclairées, qu'est venue, assure-t-on, en premier lieu, la pensée de faire disparaître les clôtures des chapelles du chœur et de dépouiller l'édifice des ornements incomparables qui font sa gloire et constituent l'un de ses principaux attraits (1).

Pendant plusieurs mois on s'est livré, de part et d'autre, à des tournois de plume, pour et contre le maintien de ces splendides sculptures sur bois, sans que les adversaires soient parvenus à se convaincre, et chacun des deux partis a gardé, jusqu'au dernier moment, son opinion irréductible. Pour nous, il faut le déclarer bien haut, nous avons assisté à cette lutte de presse sans y prendre part ; mais si nous nous sommes contenté d'être specta-

_____

(1) Voy. les numéros de la *Croix de l'Eure* des 5, 12, 26 octobre 1895 et 29 août 1896, ainsi que les numéros du *Courrier de l'Eure* des 3, 10 et 12 octobre 1895.

teur impassible de ces passes d'armes prolongées, ce n'est pas par indifférence ou désintéressement, car notre religion était éclairée depuis longtemps; c'est parce que nous n'avons jamais compris qu'un débat de cette nature et à ce sujet ait même pu s'engager. A quoi bon écrire tant d'articles péremptoires et dépenser tant d'arguments, d'ailleurs excellents, en faveur du maintien des grilles des chapelles du chœur, quand il suffisait de quatre lignes pour répondre à ces adeptes involontaires du vandalisme moderne, en leur disant : « Les clôtures de la cathédrale d'Evreux, qui sont des œuvres d'art remarquables, et font partie intégrante d'un monument historique, resteront à l'église et seront remises à leurs places primitives *parce qu'on n'a pas le droit de les enlever*, pas plus qu'on n'aurait le droit d'enlever la tourelle ou la porte d'un édifice classé parmi les monuments historiques. Il existe, d'ailleurs, en France, une commission spéciale qui a été instituée, précisément, pour empêcher des dévastations de cette nature, et son devoir est de veiller à la conservation des œuvres d'art sur lesquelles le mauvais goût ou l'ignorance voudraient porter la main... » Voilà quel était le seul argument à mettre en avant, et il avait, du moins, l'inappréciable avantage de clore définitivement la discussion.

Il suffit de rappeler qu'en thèse générale le mot de *restauration* doit être toujours synonyme de *restitution*, et qu'il n'est pas permis de démeubler ou de modifier, en quoi que ce soit, les monuments

que l'on répare, même dans leurs plus petits détails. L'architecte, le maçon, le sculpteur ont pour
stricte obligation, en toutes circonstances, de sauver les édifices qui leur sont confiés, des ravages
du temps, et non de lui faire concurrence en y
ajoutant d'autres ruines.

Quoi qu'il en soit, des archéologues fort distin-
gués prirent en main la cause des clôtures du
chœur et furent assez heureux pour la faire triom-
pher. Aussi, quand nous avons pénétré, de nouveau, dans les bas côtés rendus aux fidèles, la vue
de ces grilles admirables, rajeunies par un grat-
tage discret, et comme toutes resplendissantes
d'une nouvelle jeunesse, n'a pas été l'une de nos
moindres satisfactions. Le parti du bon sens et de
la conservation artistique avait enfin prévalu, et
c'est assez rare à notre époque pour qu'on ait le
droit de s'en féliciter quand la chose se présente.

Pendant qu'il est question des grilles, il faut
dire, en ce qui les concerne toutes, qu'elles ont
été fixées d'une façon différente de celle qui existait préalablement. Auparavant, les piliers avaient
été légèrement entaillés pour faire entrer les extrémités des clôtures ; aujourd'hui, au contraire,
ces extrémités ont été un peu rognées pour faire
entrer les grilles en arrière des pieds-droits. Ce
nouveau mode d'attache a pour but et pour avantage de ne pas entamer la partie architecturale des
chapelles.

En quittant la grande grille d'entrée du bas côté

sud, on doit se diriger vers les petites sacristies, et monter l'escalier de pierre en spirale qui conduit à une salle voûtée qui a dû servir de bibliothèque ou de chambre pour un gardien de l'église. Cette pièce, qui paraît remonter au milieu du XVe siècle, est munie d'une cheminée à manteau de pierre. La restauration dont la salle en question a été l'objet, l'année dernière, a consisté dans la réfection des arcs de la voûte et de diverses parties des murailles, restauration qui, du reste, n'a apporté aucune modification appréciable à la salle dont il s'agit.

Les deux premières travées du latéral sud étant occupées par les constructions de la petite sacristie et de ses annexes, la première chapelle que nous rencontrons ensuite doit prendre le n° 3 dans notre description.

Troisième chapelle à droite. — En réalité, ainsi qu'on vient de le voir, elle forme la première chapelle du latéral sud du chœur. Cette chapelle est destinée à renfermer le trésor de la cathédrale et ne contient pas d'autel, Sa clôture, défendue par une forte grille de fer forgé, qui forme une sorte de toit sous la fenêtre, est munie de serrures d'un travail fort remarquable, qu'on peut faire remonter au XVIe siècle. Dans le fond, des armoires grillées, assez joliment sculptées, renferment les reliques et objets précieux de l'église. Aucun changement n'a été apporté, pendant les travaux, à cette chapelle. Elle est même la seule dont la clôture n'ait pas été déplacée au moment de la restauration, non plus que la grille de fer qui la protège.

Quatrième chapelle à droite. — Cette chapelle possède une grille en bois sculpté, de la fin du xvie siècle, dont la porte est surmontée, dans le tympan, d'un bas-relief représentant *la Visitation.* Cette sculpture a été coloriée à une époque qu'on ne saurait déterminer. Nous devons nous arrêter un moment pour signaler, dans cette chapelle, deux changements apportés par les restaurateurs : en premier lieu, l'autel adossé au mur oriental n'a pas été replacé ; ensuite, on a changé de place une très curieuse sculpture qui se trouvait encastrée dans le mur, au-dessus du rétable, et on l'a mise beaucoup plus bas, à gauche du spectateur, modification que nous trouvons absolument regrettable, car l'objet se trouve ainsi dissimulé à la vue. Ce morceau se compose d'un cartouche de forme ronde en pierre, sur lequel est figurée, en bas-relief, une Vierge rayonnante, tenant l'enfant Jésus et abritant sous son manteau huit petits personnages agenouillés, quatre de chaque côté, dans l'attitude de la prière, et revêtus du costume ecclésiastique. Il paraît dater de la fin du xvie siècle ou des premières années du xviie, et représente les huit chanoines-barons d'Angerville en actions de grâces aux pieds de N.-D. de Liesse, à la suite d'un miracle dû à l'intercession de la Vierge. Il paraîtra, à tous les artistes comme à tous ceux qui sont soucieux des souvenirs historiques, que ce bas-relief aurait dû être remis soigneusement à la place même qu'il occupait jadis.

Cinquième chapelle à droite. — Il n'y a rien à dire en ce qui concerne cette chapelle, qui n'offre aucun objet particulièrement remarquable, et dans laquelle les récents travaux ne semblent pas avoir apporté de changement appréciable.

Sixième chapelle à droite. — Elle était consacrée jadis aux saints Pierre et Paul et se trouve, aujourd'hui, sous le vocable de l'*Immaculée-Conception.* Nous devons une mention spéciale à la magnifique clôture de la Renaissance qu'on rencontre ici, et qui présente des sculptures d'une valeur incontestable. Elle a été photographiée et reproduite, il y a plusieurs années, par les soins de la *Société des Amis des Arts.* Ses colonnettes finement ciselées, ses beaux médaillons avec bustes en haut-relief qui décorent le bas de la grille, excitent à juste titre l'admiration des connaisseurs. Dans l'imposte, on remarque un sujet représentant Samson enlevant sur ses épaules les deux piliers des portes de Gaza : allusion à la pièce principale du blason du donateur de cette belle grille, qui appartenait à la famille de Postel. Cette ancienne maison ébroïcienne a, en effet, fourni de nombreux chanoines à la cathédrale et une foule de personnages de distinction à notre pays. Pour appuyer cette attribution d'une façon absolument certaine, l'écusson des Postel se trouve ciselé sur la plupart des colon-

nettes, dans un cartouche attaché par des rin-
ceaux, et porte le blason : *D'argent, au poteau de
gueules, posé en bande, et accosté de trois trèfles de
sinople, 2 en chef et 1 en pointe* (1). Nous igno-
rons, toutefois, quel est le personnage du nom
auquel on est redevable de ce magnifique monument, qui vient de reprendre son ancienne place,
après avoir été nettoyé et légèrement retouché.

C'est dans cette même chapelle que se trouvait,
avant la restauration, la belle pierre tombale
d'Etienne Clavel, archidiacre du Neubourg et chanoine d'Evreux, laquelle datait du commencement
du XIVe siècle et constituait un des derniers spéci-
mens des tombeaux dont la cathédrale était jadis
si abondamment ornée, et qui furent si impitoya-
blement détruits à la fin du siècle dernier. C'était
un impérieux devoir de remettre en place cette
magnifique pierre funéraire, aussi bien par égard
pour un objet d'art précieux que par respect pour
la mémoire du dignitaire ecclésiastique dont elle
recouvrait les restes. On ne l'a pas fait, et rien ne
viendra, désormais, rappeler aux générations futures le souvenir du pieux personnage qui fut
inhumé là au mois de mars de l'an 1329. On a le
droit de protester contre un semblable acte de
vandalisme qui paraît avoir été exécuté de parti
pris et de propos délibéré. En effet, au mois d'avril
1896, nous avions signalé, dans une publication

(1) Voy. les *Archives héraldiques d'Evreux*, que nous
avons publiées en 1890, pages 281, 282 et 283.

locale (1), l'abandon complet dans lequel se trouvaient quatre pierres tombales, dont celle qui nous occupe, et qu'on avait reléguées en dehors de la cathédrale, dans le chantier, au milieu des matériaux et des décombres de toutes sortes, exposées à la pluie, à la gelée et à toutes les intempéries des saisons. Nous demandions alors qu'on les retirât de cet endroit pour les sauver d'une destruction aussi prochaine qu'inévitable, et qu'après les avoir retouchées au trait et passées au noir on les remît à leur place primitive ou, tout au moins, contre le mur de leurs chapelles respectives. Cet appel si raisonnable, on doit le dire avec regret, n'a pas été entendu. Sous l'impulsion de certaines personnalités, très respectables assurément, mais dont la compétence en matière d'art et de science archéologique est plus que contestable, on vient, nous a-t-on assuré, de placer la tombe d'Etienne Clavel et les trois autres que nous avions désignées, contre les murs de la cathédrale, dans le jardin de l'évêché et à l'extérieur du cloître. Il faut avouer que la place est aussi mal choisie que possible et que ce n'était vraiment pas la peine de les déplacer pour les exposer, en plein air, à toutes les causes de dégradation et d'altération qui les auront bientôt totalement détruites.

Autant valait les laisser s'effriter paisiblement sous l'égout du chantier où nous les avions trou-

(1) La *Semaine religieuse du diocèse d'Evreux*, 18ᵉ année, nᵒ 6. — Samedi 4 avril 1896.

vées l'année dernière ! La direction des travaux, dans ce cas comme dans bien d'autres, a eu le tort, peut-être, de laisser empiéter sur ses attributions par des influences étrangères auxquelles elle se croit souvent — et bien gratuitement — obligée d'obéir. Elle devait, sans s'inquiéter des injonctions formulées dans la circonstance, replacer purement et simplement les quatre belles pierres tombales en question aux endroits mêmes d'où elles avaient été enlevées.

Nous aurons, du reste, à revenir sur ce sujet, dans la suite, en abordant l'examen de la chapelle de Saint-Claude.

Septième chapelle à droite. — Cette chapelle a subi, hélas ! bien des changements ; on a remanié une partie des verrières qui ont été nettoyées, et l'on a confié au talent de M. Joseph Décorchemont, sculpteur, le soin de rétablir la piscine, de style gothique, en grande partie mutilée.

Le zèle des restaurateurs s'est, en outre, *exercé* sur l'autel même, qui a été changé et remplacé par un nouveau, en pierre, d'un goût déplorable et d'une exiguïté tout à fait ridicule (longueur 1 m. 23) ; le degré qui supporte cet autel prend une grande partie du sol de la chapelle, ce qui produit un coup d'œil absolument disgracieux et nuit à l'ensemble. Le tabernacle est surmonté d'une statue de saint Joseph, en pierre, qu'on vient d'y installer tout récemment ; elle a pris la place d'une autre statuette du même saint, assez insignifiante, peinte de différentes nuances, et qui avait été posée après l'ouverture du chœur, il y a quelques mois.

Tous ces bouleversements successifs dont sont l'objet les chapelles de l'abside en ce moment, où l'on semble systématiquement enlever ce qui existait afin d'y faire du nouveau, pour le plus grand dommage du bon goût et des souvenirs historiques, indiquent un manque de plan déterminé, une incohérence et un dédain des traditions des plus fâcheux. C'est le cas de répéter que la restauration d'une église ou tout autre monument ne devrait jamais être que la *remise en état* scrupuleuse de ce qui s'y trouvait auparavant.

CHAPELLE DE LA VIERGE

Nous voici parvenus à la chapelle de la Vierge, dite de *la Mère de Dieu*, qui date du xve siècle, et dont l'ensemble avait fort peu souffert. Aussi cette partie de l'église, qui a servi d'entrepôt au mobilier de toute sorte qui avait été déplacé pendant les travaux, n'a vu les ouvriers que pendant ces derniers temps, et presque à la veille de la réouverture du chœur; encore, les restaurations dont elle vient d'être l'objet ont été très sommaires et demanderaient à être poursuivies. On s'est contenté de nettoyer et de retoucher très légèrement les vitraux dans les parties les plus altérées, et de refaire la piscine du xve siècle, qui se trouve à droite de l'autel, et qui avait été complètement détruite, à une époque déjà ancienne, probablement quand on s'avisa de garnir de boiseries le pourtour du sanctuaire. Cette piscine est donc une restitution moderne, dont l'exécution est due, comme la précédente, à M. Décorchement. En même temps, on a enlevé le lambrissement des murailles qui avaient été, à une date sans doute plus récente, recouvertes d'un épais badigeon de couleur brune, jusqu'au sommet des arcatures; enfin, en ce qui concerne l'extérieur de cette chapelle, on a restauré les balustrades de pierre qui entourent la base du toit.

Mais il est un autre travail, non moins urgent que le précédent, et qui s'imposait avant tout aux restaurateurs; nous voulons parler de la réfection des trois pierres tombales adossées à la muraille du nord et contenant les épitaphes de NN. SS. Bourlier, du Châtelier et Olivier, ainsi que de l'érection nécessaire d'un quatrième mausolée consacré à la mémoire de Mgr Devoucoux, qui, décédé à la date du 2 mai 1870, l'attendait, par conséquent, depuis vingt-sept ans.

Les trois tombes déjà existantes demandaient un remplacement complet; outre leur état de dégradation causé par l'humidité du mur, le style *pseudo-gothique*, d'un goût déplorable; qui les distingue, et leur hauteur exagérée, qui entame une portion de la fenêtre, exigeaient qu'on les refît totalement en leur donnant un caractère plus en rapport avec le milieu où elles se trouvent. C'est ainsi que le regard des connaisseurs était depuis longtemps attristé par la vue de ces écussons de forme toute moderne, ornés de chapeaux à houppes et de croix de la Légion d'honneur, qui juraient avec les inscriptions en minuscules gothiques et les bordures de choux frisés qui les entourent.

L'opportunité d'une telle réfection semblait avoir été enfin comprise, et, pour commencer, la direction des travaux, après avoir retouché l'une des dalles de pierre dressées contre la muraille du nord de la chapelle, s'occupait, dans ces derniers jours, de faire graver l'épitaphe de Mgr Devoucoux, qui en était privé.

On pouvait s'attendre, dans ces conditions, à voir cette nouvelle tombe, *à la suite des trois précédentes*, venir prendre sa place dans la rangée funèbre déjà commencée.

Aussi l'étonnement a-t-il été général, vers la fin du mois dernier, quand les visiteurs de cette partie de la cathédrale ont contemplé le mausolée érigé, très tardivement, à la mémoire du vénéré prélat, et ont pu se rendre compte de la disposition et de l'endroit choisis.

Cette inscription funéraire est sensiblement plus petite que les trois précédentes, et se compose d'une plaque de marbre blanc, de petite dimension, en forme de targe, maintenue par plusieurs attaches dorées, simulant des roses, le tout en désaccord absolu avec le style de la chapelle et l'ordonnance des trois autres tombeaux.

De plus, au lieu de sceller cette dalle plus que modeste sur le mur du nord, à la suite des autres sépultures, et au-dessus de l'emplacement même du caveau, on l'a reléguée contre la muraille méridionale, fort loin de l'emplacement réel où se trouve inhumé Mgr Devoucoux.

Il n'est pas facile de s'expliquer le motif qui a fait choisir un semblable.état de choses, assez extraordinaire, et, malgré les intentions que révèle l'agencement adopté, on se plairait à espérer que cette disposition singulière n'est que provisoire.

Ne serait-il pas plus simple, plus conforme à la régularité et plus rationnel de placer l'épitaphe de notre ancien évêque à la suite de celles de ses prédécesseurs, au rang que lui assignaient la date de son décès et la position de son cercueil, plutôt que de le reléguer à part, dans un isolement qui ressemble quelque peu à une fâcheuse exclusion? Poser la question, c'est la résoudre.

En même temps, nous croyons qu'il serait indispensable d'élever un cinquième mausolée, celui du comte de Lezai-Marnésia, ancien officier, et frère de Mgr de Marnésia, évêque d'Evreux, qui mourut à Evreux, en 1765, pendant une visite qu'il faisait au prélat, et dont le corps repose encore dans le funèbre caveau de la chapelle de la Mère de Dieu (1). Mgr de Lezai-Marnésia (1760-1775) avait fait creu-

______

(1) Dans une visite que Mgr l'évêque d'Evreux a faite à ce caveau, accompagné des architectes, dans les derniers mois de 1896, le sarcophage de ce personnage a été reconnu; il se trouve le premier, à droite en entrant.

ser ce caveau, vers 1764, en vue de sa sépulture et de celle de ses successeurs; mais la destinée ne lui permit pas d'y trouver sa place et l'on sait qu'il mourut à Lons-le-Saulnier, son pays d'origine, dans la maison des Capucins de cette ville, où il fut inhumé, le 4 juin 1790.

Ces restitutions une fois opérées, la chapelle de la Vierge se trouverait admirablement restaurée, et dans des conditions à satisfaire pleinement toutes les exigences.

COLLATÉRAL DE GAUCHE

Neuvième chapelle à gauche. — Elle est munie de trois fenêtres garnies de vitraux en grisailles, n'ayant pour tout sujet que des soleils et des fleurons. Avec cette chapelle, qui fait suite à celle de la Mère de Dieu, nous abordons le bas côté nord du chœur, en commençant par le chevet, pour revenir au transept de gauche. Les vitraux qui l'ornaient, ont été remaniés très légèrement, et nettoyés, dans leur parties les plus atteintes. Son vocable est celui du *Sacré-Cœur*, et l'on vient, tout récemment, d'y placer une énorme statue du Christ en bois peint, qui surmonte l'autel. Nous voudrions éviter d'avoir à parler de cette image colossale, dont l'attitude singulière et les dimensions exagérées sont généralement blâmées par tous les connaisseurs. Elle mesure près de deux mètres de hauteur et semble écraser, par ses proportions mêmes, tout ce qui l'environne. Quant à son exécution, elle est des plus défectueuse, également, et *anti-artistique* au suprême degré. Il suffit d'avoir la notion du beau et le sentiment de l'art pour regretter l'invasion de nos vieilles cathédrales par toutes ces images modernes, en carton-pâte ou en plastique, qui détonnent, par leur enluminure violente et leur aspect hétéroclite, sous les voûtes gothiques des temples du moyen-âge. Il existe malheureusement de nos jours, à Paris et ailleurs, plusieurs maisons de *confection purement industrielle*, qui répandent à profusion, dans toutes les églises de France, des milliers de statues coulées dans les mêmes moules, et qui déshonorent absolument les œuvres d'art anciennes près desquelles elles viennent prendre place. Et ce qui est plus regrettable encore, c'est que pour leur donner droit d'asile on enlève et l'on supprime, sans scrupule, les vieilles statues de saints que nous avaient laissées les siècles passés, vénérables témoins de la foi des ancêtres, sortis des mains habiles et patientes de consciencieux artistes d'autrefois !

Une question vient même, tout naturellement, se poser à ce sujet : que deviennent les tableaux qui surmontaient les rétables, et dont un certain nombre ne se retrouvent plus à leur ancienne place (1) ? où sont allées les statues qui décoraient

(1) Il existait, notamment, dans cette même chapelle, antérieurement aux travaux, un tableau du xviii° siècle, d'une exécution excellente, représentant le Sacré-Cœur,

la plupart des chapelles du chevet, et dont nous constatons aujourd'hui la disparition ? Dans quel but les avoir supprimées, et quelle nouvelle destination a bien pu leur être donnée (1) ? Il serait intéressant pour les artistes et les archéologues, dont nous avons entendu, dernièrement, les justes doléances, d'être fixés sur ce point et d'avoir la solution du problème.

Dixième chapelle à gauche. — Cette chapelle, qui possède trois fenêtres également, a conservé ses curieux vitraux qui, d'ailleurs, n'ont pas eu à être retouchés, leur état étant parfait avant la restauration du chœur. On y voit l'écu de France des **K** (*Karolus*) couronnés et des cerfs ailés et colletés d'or, emblèmes de Charles VII, alternant avec

et dont nous avons constaté la disparition depuis que la gigantesque statue récente, d'un goût si déplorable, a été installée. N'était-il pas indispensable de respecter cette peinture et de ne pas l'enlever, du moins, de la chapelle où elle se trouvait? C'est ainsi que la cathédrale se trouve peu à peu dépouillée de ses œuvres d'art qui font place à des productions modernes pitoyables, au grand préjudice du bon goût, de l'archéologie et des souvenirs historiques.

(1) On voyait dans cette même chapelle, avant la restauration, plusieurs statues en pierre ou en bois, posées sur des socles, notamment : un saint Pierre, un saint Gilles, un *Ecce Homo* et diverses autres images. Toutes ont disparu ainsi que leurs supports, dont l'un portait des inscriptions et un blason sculpté, avec le nom du donateur; ce sont là de véritables dévastations que nul ne devrait se permettre.

des soleils. Dans chaque panneau on remarque, en outre, des sujets en grisailles avec médaillons, et, dans le bas, des figures de saints, parmi lesquels il est facile de reconnnaître *saint Gilles, saint Etern, saint Jean, la Vierge* et un *Christ en croix.* La grille n'est pas moins remarquable que les verrières; elle semble dater de la fin du xvi° siècle.

Cette chapelle a été dédiée *au Rosaire,* et l'on vient d'y installer un autel nouveau, sans que la nécessité de remplacer celui qui s'y trouvait jadis ait été bien démontrée. Cet autel est fort médiocre comme exécution, et nous avons entendu comparer les trois sujets qui se trouvent sur le soubassement, à trois stations de chemin de croix juxtaposées, ce qui rend assez bien l'effet produit. De plus le tabernacle, fort écrasé, semble avoir été placé là uniquement pour servir de piédestal à une statue; il en résulte que le principal passe à l'état d'accessoire, ce qui est un défaut. Ce travail a été confié au ciseau de M. Haussaire, sculpteur à Reims, à qui l'on a, vraisemblablement, imposé d'avance le style et les dispositions générales de cet autel.

Des personnes, qui se disent bien informées, assurent que cet autel ne doit pas être maintenu et sera prochainement remplacé. S'il en était ainsi, on donnerait une entière satisfaction aux artistes et aux amateurs d'œuvres d'art, en faisant enlever, en même temps, une fort laide petite statuette d'ange, grossièrement enluminée, qui se trouve dans cette même chapelle, et qui attire désagréablement les regards. Il n'y a aucune appréciation à donner sur un groupe de statues également coloriées, dit *du Rosaire*, placé sur le mur occidental, sinon qu'il ne semble guère à sa place, non plus, dans notre vieille basilique.

Mais laissons ces adjonctions modernes, qui sont loin d'apporter aucune valeur nouvelle au mobilier religieux de l'édifice, bien au contraire, et parlons plus en détail de la belle grille de bois que nous venons de signaler. Elle est l'une des plus intéressantes qui existent autour du chœur. Son soubassement est orné de onze personnages de petite dimension, sculptés en bas-relief, et représentant la *Justice*, la *Vérité*, la *Religion*, la *Charité*, la *Piété*, la *Science* et d'autres figurines jouant de divers instruments. Les colonnettes, très délicatement ciselées, sont décorées d'un blason portant *une croix, reposant sur un cœur posé en pointe et cantonnée alternativement de deux croissants et de deux étoiles ;* ce sont, vraisemblablement, les armes d'un chanoine d'Evreux, de la fin du XVIe siècle, mais le nom de sa famille n'est pas parvenu jusqu'à nous. On lit, en outre, sur l'entablement l'inscription suivante :

PAX ÆTERNA A PATRE ÆTERNO SIT PROBE AFFECT HVIC SACELLO.

Onzième chapelle à gauche. — On a remis en place, dans cette chapelle, la jolie clôture de style gothique qui s'y trouvait avant la restauration. Le reste de l'intérêt se concentre spécialement sur la réparation et la remise en plomb des vitraux, composés de grisailles. L'artiste chargé de ce travail a conservé, avec raison, dans le panneau de droite le blason de Geoffroy de Bar, évêque d'Evreux de 1298 à 1299, qui s'y trouvait avant la restauration ; ces armes, traversées d'une crosse, sont : *D'argent à deux fasces échiquetées de gueules et d'azur, de deux tires, et accompagnées de neuf mâcles de sable, rangées 3, 3 et 3.* Afin de leur donner un pendant, l'artiste a déplacé, dans le vitrail de la chapelle suivante, un autre écusson de la première moitié du XVIᵉ siècle, et l'a mis dans le premier panneau, à la hauteur du précédent. Ce dernier blason qui se lit : *D'argent, à la fasce d'azur, accompagnée de trois cœurs de gueules, 2 et 1*, appartient à la famille des Le Franc, seigneurs de Bérou, de la Haye-le-Sacquenville, de Burey, de Jarsey, et barons de Clos Morin, dans les diocèse et élection d'Evreux. Malgré la dissemblance d'époques qui peut exister entre ces deux armoiries (car l'une remonte à la fin du XIIIᵉ siècle et l'autre au commencement du XVIᵉ), nous approuvons cet assemblage qui donne de l'harmonie à la verrière, dont le reste du décor se compose uniquement d'ornements en grisailles, et de soleils dans les ogives.

Douzième chapelle à gauche. — Tout l'intérêt de celle-ci se concentre sur la remise en plomb et l'agencement des personnages de la verrière qui remonte, pour son ensemble, à la fin du XIIIᵉ siècle et aux premières années du XIVᵉ. Les sujets re-

présentés sur les vitraux se trouvaient sans ordre
et disséminés dans les différents panneaux. L'artiste a eu l'heureuse pensée de les assembler mé-
thodiquement, et il a formé ainsi un tout qui, sans
être une restitution de l'état primitif, n'en constitue
pas moins un ensemble très satisfaisant. On y voit
la représentation de l'évêque Geoffroy de Bar,
agenouillé et présentant un petit vitrail, accompagné de l'inscription :

« LEVESQUE GIEFROY DONNE CESTE VERRIÈRE. »
Puis, vient un autre personnage, les mains jointes,
avec la mention : « MAISTRE ALAIN DE BALAIT. »
Une autre inscription porte : « MAISTRE ALAIN DE
BAR ; » la Vierge avec l'enfant Jésus couché ; au-
dessus, dans l'autre forme, un cavalier qui peu
être saint Georges ou saint Maurice ; puis sain
Martin, donnant à un pauvre la moitié de son
manteau ; au-dessous, un évêque bénissant ; un
autre évêque, à genoux, les mains jointes, avec
l'inscription : « MOS. JEHAN DE BALAIT ; » un per
sonnage, à tête rasée de moine, avec un fragmen
de légende : « ... SSU JEHAN DE BA.... » Dans l
haut, se trouvent, répétées deux fois, les armoirie
de l'évêque Geoffroy de Bar. Tous ces débris, asse
difficiles à reconnaître jadis, ont été reconstitué
avec une grande habileté par l'artiste chargé d
ce soin.

Treizième chapelle à gauche. — C'est la chapell
dédiée à *saint Louis*, et dans laquelle nous devor
nous arrêter plus longuement, à cause d'un enlè

vement fort regrettable qu'on a cru devoir lui faire
subir. Quand les travaux du chœur furent commencés, on pratiqua, dans le mur nord de cette
chapelle, une large ouverture qui servit de passage
aux ouvriers et aux matériaux. On y voyait alors
un rétable très intéressant, datant de la seconde
moitié du XVII⁰ siècle, en pierre grise, avec colonnes
et fronton triangulaire, dont les chapiteaux, les en-
tablements et les corniches étaient dorés. Ce rétable, d'après ce que nous avons appris, provenait
de l'abbaye du Bec et aurait été apporté dans la
cathédrale en même temps que la chaire qui se
trouve dans la nef. Sans être un morceau de grande
valeur, il méritait, toutefois, au point de vue historique, d'être conservé, et l'on ne peut excuser,
en tout cas, l'inconscience et la brutalité avec lesquelles il a été jeté bas, mis en pièces et relégué
aux décombres ! Les divers fragments de ce monument sont-ils perdus à jamais, et a-t-on, déci-
dément, pris le parti de ne pas les réparer, ni de les
remettre en place ? C'est une question qui se pose
ici bien naturellement.

Les vitraux de cette chapelle ont, également,
été remis en plomb, mais leur disposition générale
n'a pas été modifiée. Ils se composent de deux parties bien distinctes appartenant à des époques très
différentes. Les sujets les plus anciens remontent
à la fin du XIII⁰ siècle ou, tout au moins, au premier quart du XIV⁰. On y voit : 1° la Vierge avec
l'enfant Jésus ; 2° un évêque à genoux présentant
un vitrail, avec la légende : « MATHEUS EPISCOPUS

EBROÏCENSIS. » C'est la représentation de Mathieu
des Essarts, évêque d'Evreux (1299-1310). Cette
première partie de la verrière pourrait même être
postérieure de près d'un siècle aux dates que nous
venons d'indiquer. On remarque, en effet, en bordure, les armes : *De gueules, au chevron d'or, tra*
versé d'une crosse d'argent, qui forme le blason de
la famille de LOMBELON DES ESSARTS. Or, c'est en
1389 seulement que Agnès des Essarts, de la famille des trois évêques de ce nom, et qui portait
comme eux : *De gueules, à trois croissants d'or*
prit alliance dans la maison de Lombelon, laquelle
releva le nom des Essarts dans la suite.

La portion la plus récente du vitrail représente
le chanoine Pierre Bridier, en surplis, agenouillé
sur un prie-Dieu, aux pieds de la Vierge tenant
l'enfant Jésus ; deux cartouches, dans le style de
l'époque, sont placés dans le bas. Le premier, à
gauche (sous le chanoine), contient l'inscription
suivante :

D'NE ADIUTOR MEUS ET REDEMPTOR MEUS ET MISE-
RERE MISERI FAMULI TUI PETRI BRIDIER P'BRI CANONI
ABNEPOTIS CLAUDII DE SAINTES EP'I HUJUS ECCLESI
EBRO' SUPPLICANTIS ET IMPLORANTIS INTERCESSIONES E
MERITA BEATÆ MARIÆ VIRGINIS S'TI LUDOVICI S'TÆ R.
DEGONDIS.

L'autre cartouche porte les armes de Pierre
Bridier, qui se décrivent ainsi : *D'azur, à trois*
épis de blé mouvants d'une même tige, en pointe
et surmontés d'un soleil rayonnant, le tout d'or

Toute cette portion de la fenêtre remonte au premier quart du XVIIe siècle, et malgré l'élégance du décor, la profusion des ornements, elle appartient incontestablement à une époque de décadence de l'art de la peinture sur verre, comme l'indiquent les teintes neutres et l'émail employé pour accentuer les tons jaunes. Dans un coin, à gauche, à une date tout à fait rapprochée de nous, l'on a intercalé le blason épiscopal de Mgr Olivier (1841-1854) dont la disposition et le dessin forment un anachronisme choquant au milieu de l'ensemble qui précède.

Quatorzième chapelle à gauche. — Cette chapelle, dite de *Saint-Claude*, va retenir notre attention d'une façon toute particulière. Elle n'a pas été encore rendue au culte, aucun autel n'a encore été élevé contre la muraille orientale de son enceinte, car elle sert jusqu'à présent, et provisoirement, sans doute, de *débarras*, pour remiser les débris de mobilier qui n'ont pu être utilisés jusqu'ici. Pourtant, la chapelle Saint-Claude mérite un examen spécial, tant à cause de son intéressante verrière que pour la mention des belles pierres tombales qu'elles contenait ; il nous faut, enfin, signaler la curieuse fresque des premières années du XVIe siècle qu'on découvrit en enlevant le rétable, et sur laquelle nous aurons à nous étendre dans la suite.

La verrière de cette chapelle date du premier quart du XVIe siècle, premiers temps de la Renais-

sance en France ; pourtant, une partie plus ancienne a dû être exécutée au moment où l'on pei-
gnait le vitrail de la chapelle précédente ; la
preuve s'en trouve dans la reproduction, en bordure, du blason des Lombelon des Essarts, alterné
avec deux autres : celui de la famille Le Gras :
De gueules, au lion rampant d'argent, accompagné
d'un troisième : *D'or, au chef d'azur*, qui, s'il n'a
pas appartenu au mari de Georgette Le Gras,
bienfaitrice de cette chapelle, — lequel se nommait
Jehan du Buisson, — a pu constituer les armes de
la maison de Poissy. Les formes contiennent :
1° un évêque bénissant, avec la légende : S. Mar-
tinus ; au-dessous, un évêque à genoux, avec l'inscription : Matheus episcopus ebroïcensis, le tout
rappelant absolument la partie ancienne de la chapelle treizième. Dans les deux panneaux du centre
on remarque une dame à genoux, vêtue d'une robe
violette, à larges manches de fourrure et coiffée
d'une sorte de chaperon noir, comme en portait
Anne de Bretagne. Elle joint les mains sur un pupitre, drapé de vert, et décoré de ses armes. Cette
donatrice est Georgette Le Gras, pieuse veuve, originaire d'Evreux, qui fonda en 1516 la chapelle
Saint-Claude, ainsi que les Heures Canoniales et
l'offrande du pain et du vin destinés aux crimi-
nels qu'on menait au supplice. Veuve de Jehan du
Buisson, seigneur de la Couture et de Bailleul, elle
consacra sa vie et ses biens à toutes sortes d'œuvres
pieuses et charitables qui rendent sa mémoire
digne de louanges et de vénération. Devant elle

on remarque l'image de saint Claude, patron de cette même chapelle, vêtu de ses habits pontificaux, tenant sa crosse et bénissant, le tout d'une excellente exécution. Cette verrière a été, comme les précédentes, remise en plomb dans de bonnes conditions.

Mais c'est le moment de parler ici des deux intéressantes pierres tombales qui se trouvaient sur le sol de cette chapelle avant les travaux entrepris dans cette partie de l'église, et qui ont été si malencontreusement enlevées, laissées à l'abandon sous la pluie, pendant plusieurs années, puis finalement, — dans ces derniers temps, — posées le long du mur du cloître, dans le jardin épiscopal, inaccessibles au public, loin de la place qu'elles occupaient jadis.

La première en date était celle d'un chanoine du commencement du xve siècle, revêtu de ses habits de chœur, et entouré d'une inscription faisant connaître son nom et l'époque de sa mort. Elle avait quelque peu souffert, mais il n'était pas impossible d'en réparer les avaries, car la légende, encore très-lisible, pouvait être nettoyée et repassée au trait.

La seconde, plus précieuse encore, était celle de Georgette Le Gras, l'insigne bienfaitrice de la chapelle, et remontait au xvie siècle. Elle se trouvait dans un état parfait de conservation. Elle montrait la défunte en costume des premiers temps de la Renaissance, accompagnée d'une longue légende en minuscules gothiques, qui faisait le tour de la dalle. Aux quatre angles, on remarquait quatre écussons chargés d'un *lion rampant*, qui constitue, comme on l'a vu plus haut, les armes des Le Gras, et conformes à ceux qui sont figurés sur le vitrail ; en son temps, nous avons signalé l'opportunité qu'il y avait à remettre en place, sur la sépulture même des personnages auxquels elles appartenaient, ces deux intéressantes pierres funéraires. Eh bien, malgré notre appel, aucun effort n'a été tenté pour sauver de l'oubli la mémoire des antiques dignitaires de la cathédrale, dont nous parlions, ni pour préserver de la destruction les mausolées qui abritaient leurs restes. On semble, bien plus, avoir mis une obstination préméditée à parfaire la spoliation redoutée, et à rendre définitive la disparition de ces pierres (1). Il ne nous reste plus, aujourd'hui, qu'à dénoncer à l'indignation des archéologues et des historiens cet acte de détestable vandalisme qui montre, une fois de plus, avec quelle insouciance et quel sans-gêne on en use envers les monuments les plus respectables de notre vieille basilique ébroïcienne.

Ce qui vient d'être dit s'applique à un troisième mausolée, représentant aussi un chanoine du xve siècle, mais dont la provenance nous est inconnue.

Quand cette même chapelle fut démeublée pour

(1) Voy. notre notice, à ce sujet, dans la *Semaine religieuse du diocèse d'Evreux*, précitée, numéro du 4 avril 1896.

y commencer les restaurations projetées, on découvrit contre la muraille orientale, en enlevant le rétable de bois qui s'y trouvait adossé, une très curieuse fresque du premier quart du XVIᵉ siècle, encore bien conservée dans la plupart de ses détails, et qui offre un réel intérêt historique. Elle représente un chanoine de ce temps-là, la tête couverte d'une coiffe noire, vêtu d'un surplis et portant au bras un aumusse ; ce personnage, les mains jointes, est agenouillé sur un pupitre drapé, aux pieds d'une figure de la Vierge à laquelle l'archange Gabriel vient adresser la salutation angélique. De l'autre côté de cette *Annonciation*, et derrière le chanoine, on remarque saint Jean-Baptiste, son patron, debout, portant une sorte de bannière et tenant à la main un livre sur lequel est couché un agneau. Devant la draperie du prie-Dieu sont peintes les armes du titulaire, qui se blasonnent : *D'or, à la bande d'azur, chargée de trois besants du champ ; à la bordure aussi d'azur, chargée de six autres besants d'or, posés en orle.* Nous avons cru reconnaître dans ces armoiries l'écusson de la maison D'ABZAC, en Périgord, qui, ajoutées à la présence de saint Jean-Baptiste, pour patron, indiqueraient le dignitaire ecclésiastique dont il s'agit comme ayant été un JEAN D'ABZAC, chanoine d'Evreux au XVIᵉ siècle, dont nos annales, d'ailleurs, ne semblent pas avoir fait mention.

Il n'est question nulle part, en effet, d'un chanoine du nom d'Abzac, dans l'histoire de l'église d'Evreux, du moins aucun document à notre connaissance n'en a fait mention jusqu'ici ; aussi n'émettons-nous cette opinion que sous toutes réserves, en souhaitant vivement que des recherches nouvelles, faites dans les archives de l'évêché ou dans le nécrologe de la cathédrale, amènent dans l'avenir quelque savant investigateur à faire la lumière sur ce point intéressant à la fois pour les diocèses d'Evreux, de Périgueux et de Sarlat (1).

Cette curieuse peinture murale mériterait d'être retouchée délicatement dans ses parties les plus altérées, et conservée avec soin.

Il ne faut pas quitter la chapelle Saint-Claude

(1) D'après une très intéressante communication qu'a bien voulu nous adresser, ces jours derniers, M. l'abbé Brugière, chanoine titulaire de Périgueux, auquel nous avions demandé des renseignements au sujet du personnage dont il s'agit, il résulterait que le portrait peint sur la fresque serait celui de Jean d'Abzac, *dit* de Reilhac, fils de Jean II d'Abzac, seigneur de la Douze et de Reilhac et de Gabrielle de Salignac.

Jean d'Abzac de Reilhac, qui ne fut toujours connu que sous ce dernier nom, par suite de la volonté de son aïeul paternel, aurait quitté son canonicat d'Evreux pour retourner en Périgord, d'où il était originaire, puis serait devenu évêque de Sarlat, succédant à Guy d'Eydie, 21e prélat de ce siège, décédé en 1529. Lui-même n'aurait occupé l'évêché de Sarlat que quelques mois et serait mort la même année.

Malgré leur vraisemblance, toutes ces indications auraient besoin d'être contrôlées et appuyées sur des documents certains. Nous en laissons le soin aux archivistes et aux chercheurs à même de consulter les cartulaires du Chapitre d'Evreux.

sans jeter un coup d'œil sur la clôture qui la ferme, et qui date de la Renaissance. On y voit des monstres ou des animaux enchaînés, accompagnés de différentes figurines d'une habile exécution.

C'est dans cette chapelle de Saint-Claude que l'on remarque, dans l'épaisseur du mur du nord, sous la fenêtre, le tombeau de l'évêque Mathieu des Essarts (1299-1310), qui fut inhumé dans cette partie de la muraille, quand on bâtissait les bas-côtés du chœur; cette sépulture, la seule de ce genre que la cathédrale d'Evreux ait conservée jusqu'à notre siècle, se compose d'une arcade à cintre surbaissé, jadis masquée par une boiserie en forme de placard et sous laquelle se trouvait autrefois la statue couchée du prélat, accompagnée, probablement, d'une épitaphe posée dans la niche. Le tout fut détruit antérieurement à la Révolution. La reconstitution de cette statue, d'après les portraits peints sur les verrières, eût été une intéressante restauration à laquelle on ne semble, malheureusement, pas avoir songé, à moins que l'état d'inachèvement dans lequel se trouve actuellement cet oratoire n'implique la continuation de nouveaux travaux en cet endroit, pour l'avenir, ce qui serait très désirable.

Ne quittons pas la chapelle Saint-Claude sans rappeler que l'autel était surmonté d'un rétable composé de trois bons tableaux sur bois représentant la *Nativité de Jésus*, l'*Adoration des Mages* et la *Circoncision*. Ces peintures estimées n'ont pas été encore remises en place, mais tout porte à espérer qu'elles seront bientôt rétablies dans cette même chapelle.

Quinzième chapelle à gauche. — Celle-ci est la dernière qui nous reste à examiner, et nous ramène, après avoir accompli le tour des bas côtés du chœur, à l'entrée du transept nord. Comme la précédente, on ne l'a pas encore aménagée, jusqu'ici, en vue de l'ouvrir aux fidèles ; son enceinte sert à reléguer une foule d'objets de rebut qui ont été mis de côté au moment des travaux, destination toute provisoire, il faut l'espérer, et qui va bientôt cesser, car les chapelles quatorzième et quinzième, qui se présentent, tout d'abord, quand on débouche du transept nord dans le bas côté du chœur, sont les plus en vue ; leur mérite artistique et les souvenirs d'histoire qu'elles renferment les rendent dignes, d'ailleurs, d'une utilisation plus noble que celle qui leur a été affectée dans ces derniers temps.

Cela posé, il nous reste à visiter cette dernière chapelle, avant de poursuivre notre course et de commencer l'examen du chœur proprement dit.

La grille de bois qui l'enclôt est digne de remarque ; elle semble avoir été exécutée entre les années 1580 et 1600, et nous ne partageons pas, à ce sujet, l'opinion de M. l'abbé Lebeurier qui, dans sa *Description de la cathédrale d'Évreux,* estime qu'on doit cette boiserie au chanoine Adrien de Quesnel, archidiacre, qui l'aurait fait sculpter en 1620. Il faut, d'abord, remarquer que le tympan surmontant la porte est orné d'un petit écusson portant *un lion rampant*, qui n'est pas le blason de la famille de Quesnel; peut-être devrait-on y voir, plutôt, le signe héraldique de la maison ébroï- cienne des Le Gras, dont nous parlions tout à l'heure, ce qui ferait remonter l'origine de cette clôture à vingt ou trente ans en arrière de la date indiquée. En second lieu, tout porte à croire que si le chanoine de Quesnel, archidiacre d'Evreux, avait été le donateur de la grille qui nous occupe, il n'aurait pas manqué de faire exécuter en bas-re- lief, par l'artiste chargé du monument, l'inscrip- tion qui porte son nom et qui est ainsi conçue :

EGO AD DEI GLORIAM HOC SACELLUM ORNAVI IN QUO ET VIVUS ORABO ET MORTUUS QUIESCAM. ADRIANUS DE QUESNEL ARCHIDIACONUS ET CANONI... 1620.

Or, cette inscription, qui se trouve sur l'entable- ment intérieur de la clôture, du côté de la cha- pelle, a été, non pas sculptée en même temps qu'elle, mais simplement peinte en lettres d'or sur fond verdâtre, à une époque évidemment posté- rieure à sa confection.

Adrien de Quesnel, dont il est ici question, ap- partenait à une famille originaire de Conches. Il était neveu de Robert de Quesnel qui, le 19 mars 1576, promit par écrit 20 l. t. au puy de musique d'Evreux (1).

(1) Voir le *Dictionnaire historique des communes de l'Eure*, par MM. Charpillon et l'abbé Caresme, t. 1er, p. 821.

Là fenêtre de la chapelle qui nous occupe est assez singulièrement disposée, son plan formant un retrait dans le sens du portail du nord, et produit ainsi une irrégularité d'architecture dont on ne s'explique pas la cause à première vue. Les vitraux qui la décorent n'ont rien de remarquable ; ils se composent uniquement de verres blancs dans le champ desquels sont disposés des soleils ; le sujet le plus intéressant est un écusson de France peint à la naissance de l'ogive.

En quittant le collatéral du nord, il importe d'examiner la grande grille qui le ferme et dont les dispositions générales sont semblables à celle de l'autre côté. On lit sur la corniche :

AVE GRACIA PLENA DNS TECVN. ECCE ANCILLA DNI FIAT MICHI SEDM... EGREDIETUR VIRGA DE RADICE JESSE ET FLOS DE RADICE EIUS ASCEDET.

Cette magnifique sculpture a dû être faite en même temps que celle du transept sud qui a été décrite en premier lieu. D'après son style et ses dispositions, on pourrait lui assigner, comme époque, l'épiscopat d'Ambroise et de Gabriel Le Veneur.

RESTAURATION DU CHOEUR

Il nous reste, pour poursuivre ce travail, à inspecter le chœur proprement dit, et ce n'est pas la partie la moins ardue de la tâche que nous nous sommes imposée. Les réparations dont il a été l'objet se sont réparties sur trois points principaux : 1° nettoyage et réfection des vitraux dégradés ; 2° abaissement du niveau du sanctuaire ; 3° érection d'un nouveau maître-autel.

Avant de pénétrer dans le sanctuaire de la basilique, jetons un coup d'œil sur la grille monumentale en fer forgé, qui le sépare de la nef. Ce morceau date du XVIII° siècle, et n'a été doré, dans ses motifs les plus saillants, qu'à notre époque. Elle n'a pas subi de modifications depuis qu'elle a été rendue aux regards des fidèles ; mais le Christ qui la surmonte, de grandeur humaine et peint en couleurs naturelles, a été suspendu au-dessus du couronnement de la grille d'une façon toute différente de celle qu'on avait adoptée jadis. Il n'est pas facile de s'expliquer la raison pour laquelle le crucifix n'a pas été appuyé, à sa base, contre le sommet du fronton et se trouve, aujourd'hui, suspendu en l'air et maintenu aux deux gros piliers d'entrée par une énorme armature de fer cintrée dont l'effet, même de loin, est aussi disgracieux que possible. Il semblerait plus naturel, cependant, que la croix soit adhérente à la grille dont elle constitue, en somme, l'accessoire, plutôt que d'être placée dans le vide, avec une solution de continuité de vingt-cinq centimètres environ. Nous avions espéré voir abaisser ce beau Christ quand, il y a quelques semaines à peine, on a trouvé des échafaudages dressés contre la clôture et remarqué des ouvriers enlevant les barres de fer circulaires, absolument choquantes, qui entouraient les bras de la croix ; mais on s'est contenté d'enlever cet appui d'un aspect affreux, sans abaisser l'ensemble du crucifix jusqu'au niveau du sommet de la grille, contrairement à ce qu'on avait espéré. C'est une preuve nouvelle que les changements apportés dans les différents détails du mobilier de notre cathédrale n'ont jamais été heureux et que le mieux serait encore de laisser les choses dans leur état ancien.

Une autre modification, pas plus heureuse, a été faite dans le bas même de cette clôture monumentale : quand le sol du chœur s'est trouvé notablement abaissé, le soubassement de la grille, qui n'avait pas été enlevée, a présenté tout naturellement un espace vide assez considérable. Il semblait rationnel de desceller cette grille et de la faire reposer sur les nouvelles dalles, afin de lui conserver les mêmes dimensions, sans vide dans la base. Au lieu de procéder ainsi, on a cru devoir masquer le vide ainsi produit dans les soubassements des deux côtés, en y ajoutant des plaques de fer plein, figurant une sorte de lambris, et dont l'effet n'est plus en harmonie avec les arabesques légères et les motifs très ornementés qui décorent ce beau morceau de ferronnerie. La dépense nécessaire pour remettre le portail tout entier à son niveau actuel n'eût pas été, sans doute, beaucoup supérieure à celle qu'a nécessitée le remaniement disgracieux dont nous parlons.

Les autres grilles dormantes qui entourent, entre les piliers, le vaisseau du chœur, ont été,

également, remises en place, sauf dans les premières travées où, d'ailleurs, elles n'existaient plus
sur la droite, entre les deuxième et troisième piliers, par suite de l'installation de l'orgue d'accompagnement qui y fut installé dans la première
moitié de notre siècle. Mais ce qui nous a paru le
moins seyant, à ce point de vue, c'est l'ouverture de la petite grille de dégagement qui a été
pratiquée dernièrement à l'extrémité de l'abside,
en arrière du maître-autel. Cette clôture, d'un
style *tout actuel*, et d'une exécution défectueuse,
produit le plus fâcheux effet; elle ressemble par
trop aux petites portes d'accès qui ferment une
foule de jardinets de la banlieue parisienne ; c'est
dire qu'elle n'est guère à sa place derrière le chœur
de notre cathédrale ; d'ailleurs, l'utilité d'un dégagement de ce côté ne se trouvait nullement démontrée, la grande grille donnant sur le nef, et les
deux autres latérales, qui conduisent simultané-
ment aux sacristies et dans le bas côté du nord, suf-
fisant largement à tous les besoins. Tel est l'avis
que nous avons entendu exprimer de toutes parts
au sujet de ce nouveau dégagement et que nous
consignons ici, en parlant des clôtures du chevet,
pour n'avoir plus à y revenir.

L'aspect du chœur, lorsque le spectateur y pé-
nètre par la nef ou les transepts en franchissant la
grande grille d'entrée, est imposant et de l'effet le
plus grandiose. Les proportions harmonieuses du
vaisseau, le jour que répandent à profusion, dans
le sanctuaire, les baies des *triforiums* et les

quinze grandes fenêtres à vitraux peints, les élé-
gantes sculptures qui décorent la base et le sommet des galeries, tout cet ensemble contribue à
produire une impression de saisissement et d'admiration. Il est juste d'ajouter que l'abaissement
du sol, en rendant, pour la vue, les voûtes plus élevées que précédemment, contribue encore à faire
ressortir les admirables proportions de cette partie
de l'édifice.

La restauration des vitraux a été conduite avec
tout le soin désirable et confiée à des artistes consciencieux qui l'ont menée à bonne fin. A la vérité
leur travail a plutôt été une œuvre d'adaptation
que de restitution absolue. Ainsi, la première fenêtre de droite, en entrant, par laquelle nous com-
mencerons, a été remise en état au moyen de la
pose symétrique des sujets qui s'y trouvaient. On
a dû, aussi, éliminer certains fragments appartenant à d'anciens vitraux détruits ou disparus, et
que des réparateurs peu soigneux avaient inter-
calés, sans ordre, à diverses époques, pour com-
bler des vides ou remédier hâtivement à quelque
avarie.

Nous ne décrirons pas ces différentes verrières;
plusieurs auteurs l'ont fait avant nous, et la description détaillée dont il s'agit sortirait du cadre de ce
travail. Qu'il suffise de savoir, comme il vient
d'être dit plus haut, que le nettoyage, la remise en
plomb et l'agencement des splendides vitraux du
sanctuaire, ont été exécutés de la manière la plus
satisfaisante; la conservation de ces œuvres d'art

est, ainsi, de nouveau assurée pour un temps indéfini ; de plus l'artiste et l'archéologue y trouveront de sérieux avantages, par la plus grande facilité qui leur est donnée, désormais, d'étudier les sujets que contiennent les panneaux.

Il faut, toutefois, signaler une erreur assez fâcheuse commise par le réparateur, en remettant à sa place l'une des verrières, celle qui contient le second des portraits de Bernard Cariti, évêque d'Evreux (1376-1383) qui fit exécuter, pendant son court épiscopat, la fenêtre de l'abside, à gauche, où il est représenté à genoux, aux pieds de la Vierge. Après sa mort, le Chapitre commanda, à son tour, en signe de regrets ou comme souvenir funèbre, une seconde verrière dans laquelle ce même évêque était représenté debout, ayant derrière lui saint Bernard, son patron, et désignant du doigt l'emplacement exact où son corps avait été déposé dans le chœur. S'il existait un seul vitrail du sanctuaire qui dût être soigneusement remis *à sa place primitive*, avant tout autre, c'était certes, celui-là, puisqu'il constituait, à la fois, un souvenir historique et une précieuse indication funéraire.

Malheureusement les artistes qui sont chargés d'une œuvre aussi délicate, pour si estimable que soit leur talent, se trouvent ordinairement étrangers à l'histoire locale et ne peuvent, en conséquence, apprécier l'intérêt particulier qui existe à maintenir les choses dans l'état et à la place où les ont mises les siècles passés.

C'est ce qui est arrivé pour la seconde verrière consacrée à Bernard Cariti, et qui occupe le n° 11, dans la *Description de la cathédrale d'Evreux* par l'abbé Lebeurier ; au moment de la remise en place, on l'avait posée dans le premier panneau de la première fenêtre du chœur, à droite en entrant, le visage du personnage tourné vers la nef. Sur les observations qui furent présentées, dès ce moment, par quelques visiteurs qui avaient pu pénétrer dans la cathédrale et qui signalèrent cette faute grave à l'autorité diocésaine, on déplaça les deux panneaux en question, pour les remettre à la gauche de l'abside, mais on se trompa de fenêtre et on les voit à présent dans la deuxième travée à gauche du sanctuaire (fenêtre 10ᵉ), tandis qu'ils étaient primitivement dans la première (fenêtre 11ᵉ) ; en outre, comme le haut de l'ogive n'a pas été déplacé en même temps que les panneaux eux-mêmes, il en résulte que le *semé* de larmes noires, sur verre blanc, qui désignait ce vitrail comme un monument mortuaire, surmonte aujourd'hui le portrait de Bernard Cariti (1) *vivant*, agenouillé aux pieds de la

(1) Dans un *Rapport sur la découverte de plusieurs sépultures dans la cathédrale d'Evreux*, présenté à la Société libre de l'Eure par M. l'abbé Guéry, aumônier du lycée, en 1895, on lit, en note, à propos de Bernard Cariti : « *Je ne sais où l'auteur d'un travail sur Évreux a trouvé que cet évêque était Italien. De plus, sa théorie sur les armes parlantes tombe à faux en cette circonstance, car ce n'est plus Cariti, mais Carit, qu'il faut dire.* » Nous n'avons pas eu de peine à reconnaître comme étant visées

Vierge, et que l'autre portrait de cet évêque, peint après sa mort, et tenant le bras abaissé, n'indique plus l'endroit précis où se trouvait son mausolée. C'est donc là une erreur fort regrettable qu'il importait d'indiquer.

En continuant par la gauche notre visite aux vitraux du chœur, nous remarquerons que les sujets contenus dans les grandes fenêtres du nord n'ont été ni supprimés ni déplacés, pour la plupart. On

par cette note les lignes que nous avons consacrées à Bernard Cariti dans nos *Archives héraldiques d'Évreux*, et nous saisissons l'occasion qui nous est offerte ici pour maintenir nos premières indications. Bernard Cariti, quoique né en Languedoc, était bien d'une famille *italienne d'origine*. Le Batelier d'Aviron, dans son *Mémorial des Évêques d'Évreux* (p. 99), écrit même son nom avec l'orthographe romaine : *Chariti*, et nous apprend que son oncle, *Bertrand Cariti*, était nonce du pape Clément VI, fonction qui n'était accordée qu'à des Italiens. Notre évêque lui-même avait tellement conservé le souvenir de sa patrie d'origine que lorsqu'il s'agit de choisir deux exécuteurs testamentaires, il prit *Nicolas Domicelli* et *Bernard Laginesti*, tous deux de familles venues d'Italie, comme la sienne, ainsi que le dit M. Guéry lui-même. Enfin, les 10 besants de ses armes, qui sont sur champ *de gueules* (et non sur champ *d'azur*, comme l'indique à tort M. l'abbé Guéry), font bien allusion au nom : *Chariti, Cariti*, et même *Carit* si l'on veut, dont les trois formes se rapportent au mot latin : *Charitas* ou *Caritas* (*Charité, Largesse, Bienfaisance*). Il était nécessaire d'indiquer nos sources au savant ecclésiastique et de lui administrer la preuve de ce que nous avions avancé, après avoir consulté des documents certains et pris toutes les garanties possibles d'exactitude.

s'est contenté d'une légère modification dans la fenêtre 13, où les armoiries de Guillaume d'Harcourt, seigneur de la Saussaye, et celles de Blanche d'Avaugour, sa troisième femme, qui se trouvaient, auparavant, placées *au-dessus* des portraits de ces deux personnages, ont été mis *dans le bas du vitrail*, sans qu'on s'explique la nécessité qu'il y avait à opérer ce changement. Les deux suivantes et, notamment, la fenêtre 15e qui se trouve la première à gauche en entrant dans le chœur, n'ont été ni enlevées ni modifiées. Cette dernière avait été, du reste, réparée à une époque récente, sous l'épiscopat de Mgr Devoucoux qui, de plus, l'avait fait admirablement graver. Cette gravure n'est pas parvenue jusqu'à nous ; jamais elle n'a été rencontrée dans les documents consultés et concernant la cathédrale.

Après les verrières, il faut examiner les travaux exécutés pour la réfection des voûtes du sanctuaire et la consolidation des arcs doubleaux. Ainsi qu'il a été dit en commençant, cette partie de l'édifice avait beaucoup souffert ; c'était la portion la plus importante, la plus urgente, même, de toutes à remanier dans cet endroit de la basilique, car de larges et menaçantes fissures s'étaient produites sous l'action des siècles, et par suite de la poussée des arcs, dans le haut des grandes fenêtres, à la hauteur de la retombée et dans l'intervalle des arcs doubleaux. Ces travaux, très délicats et qui demandaient un savoir-faire consommé, ont été exécutés avec le plus grand soin

et de la façon la plus satisfaisante. On a aussi profité de cette occasion pour retoucher et rafraîchir
les peintures qui se trouvaient au croisement des
arcs doubleaux du sanctuaire, peintures qui ont
été si malheureusement grattées dans la nef, et
dont nous avons dû signaler la disparition regrettable. Ces retouches, dans lesquelles les tons
rouges, bleus et or dominent, présentent des fleurs
de lys et différents dessins symétriques. A la clé
de voûte de l'abside on remarque, en avant du
centre même, un buste d'évêque bénissant et tenant une croix, sculpté en relief, et qu'on a repeint
en couleurs naturelles, avec la mitre et la croix
dorées, ce qui produit un excellent effet ; c'est,
d'ailleurs, une restitution exacte de ce qui existait
jadis. Que représentait cette sculpture? On a cru
y voir une image du Père Eternel, avec la tiare,
puis un saint patron ; puis, encore, un personnage
de fantaisie. Pour nous, qui avons rencontré ces
bustes mitrés et bénissant sur la clé de voûte de
plusieurs églises cathédrales, notamment dans
le chœur de l'église Saint-Jean, basilique métro-
politaine de Besançon, nous pensons que les bustes
sculptés dont il s'agit sont la représentation de
l'évêque sous l'épiscopat duquel eut lieu la construction du chœur; c'était, par conséquent, — tout
porte à le croire, — à la fois une sorte de sceau
et de témoignage authentique, destinés à perpé-
tuer le souvenir du pontife consécrateur du monument. Nous ne donnons, bien entendu, notre opinion que comme un indice, laissant aux architectes

et aux antiquaires le soin d'en contrôler l'exactitude.

ABAISSEMENT DU NIVEAU DU SANCTUAIRE

Laissant les parties hautes du chœur, les vitraux et les voûtes, pour nous reporter sur le sol même, il reste à parler d'un travail très important qui a été exécuté à grands frais dans cette portion de la cathédrale : nous voulons parler de l'abaissement du niveau du sanctuaire.

Cette modification n'a pas été appréciée par tout le monde de la même façon : les uns l'ont condamnée comme fâcheuse, les autres l'ont approuvée sans restriction. Les premiers soutiennent que le sol de l'abside étant abaissé, les fidèles se trouvent, dans la nef, totalement étrangers aux cérémonies du culte, et ne peuvent plus suivre des yeux l'office célébré au maître-autel. C'était pour remédier à cet inconvénient grave, qui avait frappé déjà les générations précédentes, disent-ils, qu'on avait reconnu nécessaire d'exhausser le dallage avoisinant l'autel dans de notables proportions, et que les degrés nombreux qui conduisaient au sanctuaire avaient été édifiés après coup. *Autel* (*altare*) veut dire *lieu élevé, sommet*; c'était donc à bon droit qu'on avait voulu rendre plus visibles, de toutes les parties de l'église, le célébrant et les prêtres qui l'assistaient dans le saint ministère ; en abaissant le pavage, en supprimant les degrés de

l'autel, on a, par cela même, méconnu cette nécessité évidente et privé le plus grand nombre des
fidèles de l'assistance effective à l'office. La mesure
est donc regrettable et fâcheuse.

D'autres personnes très compétentes, des archéologues éminents, font observer, par contre,
qu'il était indispensable, de toute nécessité, d'abaisser le niveau du sanctuaire pour opérer la réfection des piliers de l'abside, qui avaient été si stu-
pidement entaillés, à une époque de mauvais goût,
pour recevoir des placages de marbre rouge tout
à fait en désaccord avec le magnifique style gothique du XIVᵉ siècle auquel appartient l'ensemble
du chœur de la cathédrale d'Évreux. Travail de
tous points excellent, ajoutent-ils, et qui permet
maintenant d'apprécier mieux la majestueuse pro-
portion de l'abside dont les voûtes semblent, désormais, plus élevées et plus imposantes.

Entre deux manières de voir aussi contradic-
toires, et qui, l'une et l'autre, s'appuient sur des
arguments sérieux et tout à fait péremptoires, il est
très-difficile de prendre un parti et de juger la
question d'une façon décisive. Il est bien certain que
les architectes constructeurs du chœur n'avaient
pas eu la pensée d'exhausser le sanctuaire comme
il le fut plus tard, dans le courant du XVIIIᵉ siècle,
et la preuve en est que, pour édifier l'énorme massif de maçonnerie destiné à élever le maître-autel,
les modificateurs du niveau primitif furent obligés
d'enterrer les piliers de l'abside à une hauteur
considérable. D'autre part, pour remettre le sol à

son état premier, il a fallu détruire, volontaire-
ment ou non, le monumental maitre-autel en
marbres rouge et blanc, qui en occupait le sommet, et, de plus, par suite des fouilles entreprises,
atteindre les sépultures de nombreux évêques que
les profanations de la fin du siècle dernier avaient
encore respectées, grave inconvénient s'il en fût,
que l'on aurait dû éviter à tout prix, aussi bien
par respect pour les vénérables défunts qui dor-
maient là le sommeil de leur éternité que dans
l'intérêt des souvenirs historiques, hélas ! de plus
en plus rares, chaque jour, que contient encore
notre antique basilique ébroïcienne.

DÉCOUVERTES DE SUBSTRUCTIONS ET DE SÉPULTURES ÉPISCOPALES

Comme on vient de le voir, l'abaissement du
sol du chœur de la cathédrale a nécessité des
fouilles assez profondes, lesquelles ont amené des
découvertes de deux sortes : 1° mise au jour de substructions ayant fait partie d'une basilique primitive ; 2° rencontre de sépultures d'évêques appartenant à des époques très différentes.

La découverte des substructions a constitué un
événement plein d'intérêt pour les archéologues et
les architectes ; elles se composaient d'une enceinte
circonscrite par une muraille curviligne, fort
épaisse, contre laquelle se trouvait appliquée une
enceinte moins grande, de forme demi-circulaire

Cette muraille était construite en pierres de petit appareil, mais assez irrégulières, et semblait avoir fait partie d'un *déambulatoire* ayant, dans son axe, une abside de moindres dimensions. Cette découverte fut faite en 1895. Trois années auparavant, les mêmes travaux avaient déjà fait retrouver, vers la première moitié du chœur, dans le bas, le mur semi-circulaire du sanctuaire de la cathédrale rebâtie après l'incendie de 1119 (1). Maintenant, à quelle date remontaient ces différentes fondations et à quel édifice religieux appartenaient-elles ? C'est là une question assez difficile à élucider ; pourtant, deux hypothèses se présentent : quoique les *déambulatoires* fussent assez rares au XIe siècle, il n'est pas impossible qu'Evreux en ait possédé un, à cette époque, muni de trois chapelles espacées ; mais pour soutenir cette opinion, il faudrait admettre que cette partie de l'église romane avait plus de largeur que celle qui lui succéda, au siècle suivant, ce qui semble invraisemblable, au premier abord, car on profite généralement de la reconstruction d'un édifice pour l'agrandir et non pour diminuer ses proportions ; on peut, cependant, répondre à ces objections en faisant remarquer que la nef romane, fort étroite, fut, dès l'origine, recouverte par des voûtes sur croisées d'ogives, et l'on peut supposer que cette étroitesse

(1) Voir la communication faite, à ce sujet, par M. Louis Régnier, dans la *Correspondance historique et archéologique*, numéro du 25 avril 1895.

fut subie par les reconstructeurs comme une condition indispensable de l'établissement de la voûte de pierre dont la basilique précédente était privée ; comme conséquence de cette adaptation, on aurait alors supprimé le *déambulatoire* et bâti une abside sans pourtour.

En second lieu, on peut admettre qu'à la suite de l'incendie de l'église par Philippe-Auguste, on exécuta des travaux dont aucun vestige hors du sol ne semble être parvenu jusqu'à nos jours. Le chœur a pu être réédifié alors et agrandi, avec un bas-côté semi-circulaire et trois chapelles absidiales espacées, comme il en existe d'autres exemples en Normandie (1).

En résumé, il est difficile aujourd'hui de savoir au juste quelles étaient les dispositions et l'étendue du monument dont les fondations ont été retrouvées, non plus que la date précise qu'on doit lui assigner. Cette découverte n'en constitue pas moins un fait intéressant pour l'archéologie, et qui méritait d'être rappelé en parlant des travaux exécutés dans le chœur.

En même temps que les fouilles restituaient les vestiges des fondations appartenant à l'une ou plusieurs des églises primitives, elles amenaient la découverte de tombeaux épiscopaux, au nombre de dix, dont trois furent rencontrés en 1891 et 1892 et les sept autres en 1894 et 1895.

(1) M. Louis Régnier, communication précitée.

Première sépulture. — Ce fut le 14 avril 1891 que l'on rendit au jour tout d'abord les ossements de l'un des prélats de l'église d'Evreux, au moment où l'on creusait la terre entre les deux piliers de la seconde arcade à gauche du chœur. Ces débris étaient placés dans une sorte de sarcophage étroit, composé de pierres juxtaposées, avec cette particularité qu'un emboîtement carré avait été ménagé pour recevoir la tête. Cette disposition indique une sépulture appartenant au xiie siècle. Avec les ossements se trouvaient une volute de crosse en fer très mince et d'un style très primitif, jadis emmanchée sur une hampe en bois, et un anneau pastoral en bronze, sans aucun ornement. Le tout était placé dans les substructions de l'ancien chœur roman, à un pied environ au-dessous du niveau du sol (1).

A quel prélat appartenait le tombeau ainsi retrouvé ?

Pour répondre à cette question, il importe de savoir quels sont les évêques du xiie siècle, morts à Evreux, et ayant été inhumés au moment de la reconstruction du chœur à cette époque. Or, ces conditions s'appliquent exclusivement à un seul : Gilbert II, surnommé *la Grue*, à cause de sa maigreur et de sa taille élevée, et décédé précisément quand on rebâtissait la basilique incendiée par Henri Ier d'Angleterre, en 1119. Ajoutons que la

(1) Rapport fait par M. l'abbé Guéry à la *Société libre de l'Eure;* année 1892, 4e série, tome IIe.

sépulture avait été pratiquée dans la muraille même, ce qui ne peut avoir eu lieu qu'au moment de sa construction. Enfin, dernier détail qui achève de démontrer qu'on se trouve bien en présence de Gilbert surnommé *la Grue*, c'est que l'auge contenant ses restes mesurait 1 m. 90 de long, enserrant étroitement le corps, ce qui indique un personnage de haute stature ; on avait dû même, au moment de l'inhumation, allonger le sarcophage aux pieds, en faisant dépasser les revêtements des côtés par la pierre destinée à les affleurer.

L'identité paraissant absolument acquise, il est regrettable que les autorités compétentes, en replaçant les ossements dans le tombeau, n'aient pas conservé le souvenir de l'évêque Gilbert par l'apposition sur sa sépulture d'une dalle funéraire contenant son nom et ses titres, pour faire connaître à la postérité le lieu où reposent ses dépouilles mortelles. Cette observation, que nous faisons ici, s'applique à toutes les autres sépultures d'évêques qui vont suivre, et pour lesquels la même omission a eu lieu.

Deuxième sépulture. — Elle se présenta au mois d'octobre 1891, quand on dégagea le premier pilier à gauche du sanctuaire. On rencontra alors un cercueil de plomb, sans doute, jadis, enfermé dans un autre en bois, qui avait disparu, et reposant sur une planche de chêne. Il renfermait un squelette, les mains croisées sur la poitrine, ayant à la hauteur des bras quelques restes d'aumusse. D'après certains indices, et des probabilités très habilement présentées, M. l'abbé Guéry (1) croit reconnaître dans ces restes le corps de Claude de Sainctes qui fut évêque sur notre siège de 1575 à 1591, et qui mourut dans le château de Crèvecœur-en-Auge, où il avait été emprisonné, à la suite de ses conspirations contre Henri IV. Son corps, d'abord inhumé dans l'église de la Madeleine, à Verneuil, aurait été rapporté dans sa cathédrale en 1597.

Cette attribution, sans être absolument démontrée, repose néanmoins sur des vraisemblances assez fortes pour qu'il n'y ait pas lieu de la rejeter, et mérite d'être, tout au moins, prise en considération en vue d'un nouvel examen.

Troisième sépulture. — Ce troisième tombeau fut rencontré, à la date du 21 mars 1892, sous le massif même du maître-autel, dans une sorte de petit caveau pratiqué à gauche, au fond de l'abside. Il constituait la sépulture de Guillaume des Essarts, évêque d'Évreux (1333-1334), dont l'authenticité fut absolument démontrée, grâce à l'inscription gravée sur une plaque de plomb, et qui se trouvait parmi les restes du personnage ; la plupart des ossements, d'ailleurs, étaient réduits en poussière et avaient totalement disparu. On découvrit, en même temps, une croix de fer qui avait dû être scellée sur la bière et une planchette sur laquelle on avait peint une crosse et une croix. Grâce

(1) Communication précitée, p. 177-181.

à cette épitaphe, la date de la mort de cet évêque, assez controversée jusqu'alors, peut être fixée avec certitude au 17 octobre 1334.

Quatrième sépulture. — Le 19 juin de la même année, on se trouvait en présence d'un quatrième tombeau : c'étaient quelques fragments d'une bière en bois, presque détruite, accompagnée de trois boucles de cuivre, dont l'une plus petite que les deux autres, et de plusieurs ossements, parmi lesquels la tête, à l'occident et regardant l'orient. Comme aucun objet indicateur ni aucune inscription n'existaient parmi les débris recueillis, il est assez difficile de savoir à quel prélat ils appartiennent. Les probabilités sont en faveur d'un évêque du XIVe siècle, à cause de la place qu'occupait le tombeau, et aux environs de laquelle deux évêques ont été enterrés, à cette époque : Philippe de Brucour (1373-1374) et Bernard Cariti (1376-1383). M. l'abbé Guéry se prononce pour le premier ; d'autre part, on a cru pouvoir reconnaître le second. Le doute subsiste et tout porte à croire, malheureusement, que rien ne se présentera qui soit de nature à le dissiper dans l'avenir.

Cinquième sépulture. — Ce tombeau fut trouvé à 30 centimètres au bord de la nouvelle abside, reposant directement sur la maçonnerie. Il renfermait quelques débris d'ossements, parmi lesquels une tête regardant l'occident ; c'était la sépulture d'un évêque du XIVe siècle, avec laquelle se trou-

vait, — sans doute par suite d'un bouleversement
antérieur du sol, — un sceau en plomb du pape Be-
noît VII (975-984). A la suite de déductions fort
bien présentées, M. Guéry croit pouvoir affirmer,
dans son rapport à la *Société libre de l'Eure*, en
1895, qu'on se trouve en présence du corps de
l'évêque Robert de Brucour (1340-1373), parce
que ce prélat fut inhumé en 1373 dans cet endroit du sanctuaire.

Nous pensons qu'il y aurait lieu, néanmoins, de
ne pas être trop affirmatif, et de réserver cette
attribution.

Sixième sépulture. — Même incertitude pour
celle-ci que pour les deux précédentes, aucun document positif ne venant éclairer les investiga-
tions. Elle se trouvait près de la grille sud du
chœur et se composait d'un cercueil en plomb mesurant 1 m. 90 de longueur sur 45 centimètres de
largeur aux épaules et 24 de hauteur. Il contenait
des ossements, et la tête, regardant l'occident,
était encore garnie de quelques cheveux roux (1).

L'auteur du rapport à la *Société libre de l'Eure*
pense que, parmi les évêques enterrés en cet endroit, il faut choisir exclusivement entre Gabriel
Le Veneur, prélat du XVIᵉ siècle, et Gilles Boutaut,
qui vivait au XVIIᵉ (1661), et il attribue plus vo-
lontiers, — et avec raison, — le tombeau qui nous
occupe, au dernier. Le fait que la bière de plomb

(1) M. l'abbé Guéry, communication précitée.

est moulée aux épaules et à la tête indique, en effet, une sépulture de la seconde moitié du XVIIᵉ siècle, comme on le verra plus loin, à propos de la découverte des restes de Henri de Maupas (mort en 1680), et cette forme de sarcophage ne semble pas avoir été encore usitée au XVIᵉ. — On l'employa temporairement, de 1650 à 1700 environ.

Septième sépulture. — Le tombeau qui vient ensuite faisait partie de trois sépultures juxtaposées au bas des marches du sanctuaire et appartenant à trois inhumations d'évêques du XVIIᵉ siècle ; elle était placée sur la droite et se composait d'un cercueil de plomb en forme de trapèze, mesurant 1 m. 95 de longueur, 55 centimètres à la tête, 35 aux pieds et 30 de hauteur. Par malheur, aucune incription n'est venue révéler positivement le nom du pontife renfermé dans cette bière. Étant donnés l'époque probable de la mort du personnage et le voisinage des deux sépultures connues qui l'accompagnaient, les archéologues supposent qu'il s'agirait de Guillaume de Péricard, dont le décès eut lieu en 1613. Cette attribution demanderait à être appuyée sur des preuves plus décisives.

Huitième sépulture. — Nous voici parvenus à l'une des plus intéressantes découvertes concernant les sépultures épiscopales trouvées, de nos jours, dans le chœur de la cathédrale. Il s'agit de celle de l'évêque Henri de Maupas du Tour, mort dans son évêché d'Evreux, en 1680, à la suite d'un accident de voiture relaté par tous les historiens locaux. Son cercueil, de plomb, affectait la même forme que celui de la sixième sépulture, c'est-à-dire que le haut moulait le contour des épaules et de la tête. Les dimensions étaient les suivantes : longueur 1 m. 83 ; largeur 46 centimètres aux épaules ; 19 aux pieds, 20 à la tête, 25 en hauteur. L'épaisseur du plomb était de 4 millimètres. Le squelette était parfaitement conservé, dit l'auteur dans son rapport à la *Société libre de l'Eure* (1), grâce à l'embaumement pratiqué selon la méthode du XVIIe siècle, dans lequel, entre autres pratiques, on procédait au sciage du crâne. La poitrine était recouverte d'un voile de calice en velours vert, doublé de soie et orné d'un galon jaune en forme de croix ; le corps était vêtu de son costume épiscopal et d'une mozette ; un long rosaire, tombant jusqu'aux pieds, était passé au bras du mort dont l'identification fut aisée à faire, grâce à une plaque de plomb contenant une longue inscription latine. Elle apprenait que le corps contenu dans le cercueil était celui de « *Henri de Maupas du Tour, évêque d'Evreux, jadis du Puy, abbé de Saint-Denis de Reims et de l'Ile-Chauvet, dans le diocèse de Luçon, qui mourut le 12 août 1680, à l'âge de... père des pauvres...* » Comme on le voit, la men-

***

(1) *Rapport sur la découverte de plusieurs sépultures dans la cathédrale d'Evreux*, par M. l'abbé Guéry, Evreux, imprimerie de Charles Hérissey, 1896, p. 14 et suiv.

tion de l'âge était effacée ; on croit, néanmoins, d'après plusieurs auteurs, qu'il était né en 1606 et que le roi Henri IV avait été son parrain. La maison Cauchon de Maupas du Tour à laquelle appartenait cet évêque, était originaire de Champagne.

Neuvième sépulture. — A gauche du cercueil précédent, se trouvait la sépulture de Jacques Le Noël du Perron, neveu du célèbre cardinal Davy du Perron, qui occupa, comme lui, le siège épiscopal de notre ville et mourut en 1649. La bière du prélat, en forme de trapèze, avait 2 mètres de longueur, 50 centimètres à la tête, 25 aux pieds et autant en hauteur. Une plaque de plomb indiquait le personnage renfermé dans ce cercueil ; elle était tombée parmi les ossements, et son inscription, rédigée en français, donnait les noms, titres et qualités du pontife inhumé là.

Dixième et dernière sépulture. — Cette dernière tombe a été rencontrée dans le milieu du sanctuaire, au pied du grand autel ; elle se composait d'une sorte d'excavation pratiquée dans la muraille absidiale dont nous avons parlé, et le cercueil avait été posé sur la maçonnerie que l'on avait dû entailler dans son épaisseur, de telle sorte que le corps se trouvait dépasser d'un mètre environ l'enceinte en cul-de-four qui servait, ainsi, de caveau. Aucune inscription n'indiquait le personnage dont les restes venaient de revoir le jour ; on pût constater, seulement, que, conformément à la sépulture de Guillaume des Essarts, le caveau avait été fermé au moyen des débris d'un ancien sarcophage dont le couvercle, en dos d'âne, avait été scié, dans le sens de la largeur, en quatre fragments juxtaposés.

D'après les auteurs anciens qui ont parlé des inhumations d'évêques dans la cathédrale et décrit les emplacements de leurs tombeaux, celui qui nous occupe appartiendrait à Raoul du Fou, le 67e de nos prélats, qui occupa le siège épiscopal de 1479 à 1511, après s'être signalé par une foule d'œuvres utiles et de reconstructions, notamment celle de l'évêché, dont la belle architecture gothique existe encore.

Cette attribution est corroborée non seulement par la place exacte qu'occupe la sépulture en question, mais aussi par les circonstances particulières qui ont accompagné sa découverte; les ossements, il est vrai, se trouvaient presque réduits en poussière, mais sur le corps, qui regardait le levant, on retrouva les galons de la chasuble dont le défunt avait été revêtu au moment de ses obsèques; les orfrois étaient d'une étoffe tissée d'or et parsemée de fleurs de lys. Or, Raoul du Fou portait, justement, une fleur de lys dans ses armes, et l'on sait que les évêques étaient dans l'habitude, surtout aux xive et xve siècles, de faire broder les pièces de leur blason sur les bordures de leurs chapes et de leurs chasubles; chacun peut en voir un exemple dans le vitrail du chœur où l'évêque Bernard Cariti est représenté avec ses armoiries semées sur les orfrois de sa chape. Cette indication donne une grande force, — il est même permis de dire une certitude absolue — à l'opinion émise que les débris humains recueillis en cet endroit sont bien ceux du personnage dont il vient d'être parlé.

Le 5 mars 1895, Mgr Sueur, alors évêque d'Evreux, fit déposer les ossements, retrouvés lors des différentes fouilles, et dont l'identité n'avait pu être établie sûrement, dans une même caisse de zinc qui fut réinhumée dans le sanctuaire. Quant aux corps reconnus, c'est-à-dire ceux de Jacques Le Noël du Perron et Henri de Maupas, on les plaça séparément dans de nouveaux cercueils où l'on mit une attestation sur parchemin, revêtue du sceau de l'évêque. Il est permis de regretter, à cette occasion, que chaque corps n'ait point été replacé religieusement *dans l'endroit même* où les ouvriers l'avaient rencontré, et qu'on n'ait pas laissé les ossements des deux évêques reconnus dans les mêmes bières de plomb, encore assez bien conservées, où ils se trouvaient au moment de l'exhumation; puis, enfin, qu'on n'ait pas remis le tout à son emplacement respectif. De plus, pourquoi avoir oublié de placer sur chacune des sépultures une dalle tumulaire en marbre indiquant que les restes de nos anciens pontifes reposaient à cette place ? C'était là une indication indispensable pour les signaler à la mémoire des générations futures qui, par suite de ce fâcheux oubli, en auront bien vite perdu le souvenir.

REMPLACEMENT DU MAÎTRE-AUTEL

La démolition du large massif de maçonnerie qui se trouvait au fond de l'abside et servait de base au maître-autel, — conséquence obligée de l'abaissement du sol du sanctuaire, — n'a pas eu seulement pour résultat de bouleverser un certain nombre de tombes épiscopales; elle devait aussi entraîner la destruction de cet autel lui-même et le faire remplacer par un nouveau, récemment consacré, et dont les dispositions générales sont loin de satisfaire le goût des archéologues et des amateurs des œuvres du moyen âge.

En premier lieu, une question se pose naturellement au sujet de ce remplacement : n'était-il pas possible de conserver cet autel ? Ses proportions grandioses, l'heureuse disposition de ses lignes et l'élégance de son ensemble pouvaient faire désirer qu'il fût maintenu. Il est vrai, répondent à ce sujet les partisans du nouvel état de choses, que les dépenses nécessitées par ce changement ont été considérables, mais l'autel ancien ne répondait pas au style du chœur; il avait été édifié, vraisemblablement, à la fin du XVIIIe siècle, à une époque où les architectes et les restaurateurs n'avaient aucun souci d'approprier l'ameublement des églises au style de l'édifice lui-même, et, pour cette raison, le grand autel du chœur de la cathédrale d'Evreux était condamné à disparaître. Nous ne partageons pas entièrement ce sentiment par trop radical, et

nous estimons qu'il fallait tout tenter pour conserver, s'il était possible, l'autel de marbre rouge et
blanc, que nous avons connu jadis, et qui présentait, à tous les regards, un aspect si majestueux.

Plusieurs versions ont eu cours relativement à
sa destruction : on a parlé, d'abord, d'un accident.
Étayé peu solidement, lors de la suppression du
soubassement qui le supportait, il se serait écroulé,
contre la volonté des réparateurs, d'une façon
toute fortuite. Il est difficile d'admettre cette ex-
plication d'une prétendue maladresse, d'autant
plus que ce monument, très solidement établi
presque indestructible, a été brisé en mille pièce
et littéralement *dépécé*. Il a fallu même employer
des efforts considérables pour le disjoindre et er
séparer les différentes parties. La vérité, qu'on n
cherche pas à dissimuler aujourd'hui, d'ailleurs
c'est que l'autel en question était définitivemen
condamné : l'autorité ecclésiastique et la directio
des travaux étaient parfaitement d'accord pour 1
faire disparaître sans retour. La première lui re
prochait son style contraire à celui du moyen âg
et n'était pas fâchée de lui substituer un monu
ment plus approprié aux aspirations religieuses d
notre époque ; la seconde, de son côté, y voya
l'avantage d'une œuvre artistique de plus à crée
en dotant l'édifice confié à ses soins d'un morcea
de sculpture et de ciselure important.

Quoi qu'il en soit, l'ancien autel, une fois co
damné et *exécuté*, il fallut recourir à une souscri
tion publique parmi les fidèles du diocèse,

même du dehors, afin de faire face à la construction d'un nouveau, les fonds faisant absolument
défaut pour mener à bien ce projet. Les crédits
affectés aux réparations de la cathédrale d'Evreux
ne comprenaient aucune somme, en effet, qui pût
être appliquée à un travail de ce genre, et le devis,
d'autre part, n'était pas inférieur à 32,000 francs,
somme énorme et bien supérieure aux ressources
dont on disposait.

Cet autel, aujourd'hui mis en place, peut être
décrit et apprécié en toute connaissance de cause.
Disons, sans hésiter, qu'il ne répond pas aux es-
pérances que l'on avait pu concevoir, et qu'il
semble raide, disgracieux et mesquin de proportions. Il se compose d'un tombeau de pierre, dans
le caractère des premières années du xive siècle. Sur
le devant, douze statuettes d'apôtres, exécutées en
haut relief, de bronze doré, sont posées dans des
arcatures gothiques. Au centre, la figure du Christ,
assis et bénissant, est encadré dans un médaillon
quadrilobé. Ces figurines dorées, se détachant vio-
lemment de la teinte blanche et terne de la pierre,
arrêtent le regard d'une façon trop sensible et
détonnent sur le fond. Le rétable est de pierre
également, mais assez sobre d'effet ; on y voit des
feuillages encadrant des médaillons sculptés.
Quant au tabernacle, il est franchement mauvais ;
l'avis des connaisseurs est unanime sur ce point.
On critique en particulier, et très justement, la
porte de cet édicule, chargée d'un agneau pascal
d'une facture *pseudo-archaïque*, qui tranche vive-

ment sur un fond d'émail bleu lapis. Tout cet ensemble n'est pas heureux, il faut bien le reconnaître. De plus, le crucifix qui le surmonte, ainsi que les six chandeliers d'accompagnement, sont loin de présenter le même aspect grandiose et imposant qu'ils avaient sur l'ancien autel (1).

En résumé, de l'avis général, l'ensemble de cet autel ne répond pas à l'effet qu'on en attendait, non plus qu'à la dépense énorme qu'il a entraînée. On s'accorde à reconnaître, en outre, qu'il n'a peut-être pas été suffisamment étudié dans ses proportions, et qu'il paraît comme diminué par le vaisseau gigantesque du sanctuaire dans lequel il est placé.

CONCLUSION

La cathédrale d'Evreux, aujourd'hui rendue au culte dans son entier, présente désormais aux regards, malgré les critiques qui viennent d'être formulées sur quelques points, une perspective admirable, et les travaux qui ont pris fin dernièrement lui assurent, pour l'avenir, une conservation de plusieurs siècles.

Ces travaux eux-mêmes, examinés dans leur ensemble, ont été admirablement conduits et exé-

(1) Les dessins de ce nouvel autel sont dus, pour l'ensemble, à M. Darcy, architecte diocésain. M. Corbel a exécuté les sculptures sur marbre et les bronzes. Les statues sont l'œuvre de M. Beyliard.

cutés ; la partie architecturale proprement dite des restaurations, en particulier, est tout à fait remarquable, et fait le plus grand honneur au directeur, M. Darcy, dignement secondé, du reste, par le zèle et l'expérience de M. Gossart, architecte départemental. La réparation des vitraux, la réfection des voûtes et des piliers, le rétablissement des motifs de sculpture mutilés ou détruits, les grands travaux entrepris pour abaisser le niveau du chœur, tout cela mérite, sans contredit, les louanges sans réserves des archéologues et des connaisseurs. C'était, d'ailleurs, la partie principale de l'œuvre entreprise, celle qui dominait tout le reste.

Les critiques, elles-mêmes, ne peuvent porter que sur des points de détail, assez secondaires par eux-mêmes, tels que des changements ou suppressions d'œuvres d'art, entrepris sans nécessité, la pose d'une grille sans caractère au fond de l'abside, l'enlèvement des pierres tombales de certaines chapelles et des tableaux ou des statues qui surmontaient quelques rétables, la destruction de ces rétables eux-mêmes, notamment de celui qui décorait la chapelle Saint-Louis ; puis, le mode d'attache et de suspension singulier et disgracieux adopté pour le crucifix de la grande grille ; enfin, l'ensemble peu satisfaisant du nouveau maître-autel, toutes choses que nous venons de signaler, à leur ordre, en faisant notre visite méthodique à l'intérieur de la basilique.

Il faut ajouter que la cathédrale, une fois réouverte dans son ensemble, les travaux à exécuter n'ont pas été terminés, néanmoins. Il reste beaucoup à faire, surtout à l'extérieur. Sans parler de la remise en état du magnifique portail du nord, dont l'état actuel exigerait une réfection. presque complète, travail colossal qui demanderait une mise de fonds et un nombre d'années qu'on n'ose pas envisager, il existe aussi une foule de réparations de détails à parfaire à l'intérieur même, et des ouvriers s'occupent encore, au moment où ces lignes sont écrites, de différents travaux dans les chapelles de l'abside, notamment de la pose de nouveaux autels.

, Les deux chapelles du bas du collatéral nord du chœur, encore fermées à la vue par des draperies, exigeront aussi plusieurs semaines, plusieurs mois peut-être, avant de pouvoir servir au culte, car les œuvres d'art qu'elles renferment, particulièrement la chapelle Saint-Claude, méritent un soin spécial et le talent d'artistes de choix.

L'on a été au plus pressé afin de répondre au désir général de voir le vaisseau du chœur, qui était fermé depuis dix ans, rendu au clergé et aux fidèles, pour le mois d'octobre 1896.

Il faut ajouter qu'au moment de l'achèvement de tous ces travaux, dans les semaines qui ont précédé l'ouverture et la consécration solennelle du chœur, une grave et longue maladie a empêché l'habile directeur, M. Darcy, de venir stimuler l'activité des ouvriers et présider aux derniers préparatifs. Cette fâcheuse circonstance explique

l'elle-même pourquoi il reste encore tant à faire
actuellement.

Enfin, tous souhaitent que le grand orgue du
bas de la nef retrouve bientôt sa voix puissante
pour accompagner la pompe des cérémonies religieuses; mais de nouveaux crédits, fort élevés, se-
raient nécessaires pour poursuivre toutes ces entreprises projetées.

Dès aujourd'hui, soyons heureux de voir notre
splendide cathédrale, rajeunie et consolidée, bril-
ler d'un nouvel éclat, et dédommager ainsi tous
les amateurs des monuments historiques et de
l'archéologie, des longues années pendant lesquelles ils avaient été privés de la jouissance complète de la précieuse et vénérable basilique ébroï-
enne.

Comte DE BUREY.

Mars 1897.

ÉVREUX, IMPRIMERIE DE CHARLES HÉRISSEY

www.ingramcontent.com/pod-product-compliance
Lightning Source LLC
Chambersburg PA
CBHW061420060726
47597CB00003B/1110